Recent Work
Fumihiko Maki

槇文彦＋槇総合計画事務所　最近作から

Recent Work
Fumihiko Maki

槇文彦＋槇総合計画事務所 最近作から

目次

―序文
New Humanismの建築をめざして 槇 文彦―――6
―エッセイ
成長と成熟 槇 文彦―――10

―21世紀の作品
セントルイス・ワシントン大学 サム・フォックス視覚芸術学部―――16
トライアド―――32
島根県立古代出雲歴史博物館―――38
三原市芸術文化センター―――50
スクエア3 ノバルティス キャンパス―――60
シンガポール理工系専門学校キャンパス―――72
マサチューセッツ工科大学 新メディア研究所―――90
「槇文彦によるMIT 社会の縮図」エドワード・リフソン/奥山 茂訳―――98
ペンシルバニア大学 アネンバーグ・パブリックポリシーセンター―――108
ロレックス 東陽町ビル―――120
ロレックス 中津ビル―――128
日本ユダヤ教団―――134
津田塾大学千駄ヶ谷キャンパス アリス・メイベル・ベーコン記念館―――142
パッシブタウン第二期街区―――150
刀剣博物館―――158
希望の家 名取市文化会館多目的ホール―――168
町田市新庁舎―――174
東京電機大学 東京千住キャンパス―――184
4 ワールド・トレード・センター―――202
「苦難の場にもたらされた静寂」デイヴィッド・W.ダンラップ/中村研一訳―――220
アガ・カーン ミュージアム―――222
「プルラリズムの建築」森 俊子―――238
シンガポール・メディアコープ―――240
「メディアの先陣となる船」ヘン・チェ・キアン/中村研一訳―――256
深圳海上世界文化芸術中心―――258
ビハール博物館―――276

―進行中の作品
芝浦一丁目計画―――294
横浜市新市庁舎―――295
アマラバティ新首都計画案―――296
アガ・カーンセンター―――297
台北駅再開発計画―――298
ラインハルト・エルンスト美術館―――299
長野市第一庁舎・長野市芸術館―――300
未来創造塾―――301

槇 文彦プロフィール―――302
受賞プロジェクト―――303
掲載プロジェクトデータ―――304
槇総合計画事務所 所員リスト―――306
写真クレジット―――307

Contents

—Recent Work
Washington University in St. Louis Sam Fox School of Design & Visual Arts —— 16
TRIAD —— 32
Shimane Museum of Ancient Izumo —— 38
Mihara Performing Arts Center —— 50
Square 3, Novartis Campus —— 60
Republic Polytechnic Campus —— 72
Massachusetts Institute of Technology The Media Lab Complex —— 90
"Fumihiko Maki's Social Condenser for M.I.T." Edward Lifson —— 98
University of Pennsylvania Annenberg Public Policy Center —— 108
Rolex Toyocho Building —— 120
Rolex Nakatsu Building —— 128
Jewish Community of Japan —— 134
Tsudajuku University Sendagaya Campus Alice Mabel Bacon Hall —— 142
PASSIVETOWN Block No.2 —— 150
The Japanese Sword Museum —— 158
Haus der Hoffnung —— 168
New Machida City Hall —— 174
Tokyo Denki University Tokyo Senju Campus —— 184
4 World Trade Center —— 202
"Tranquility in a Place of Torment" David W. Dunlap —— 220
Aga Khan Museum —— 222
"Architecture of Pluralism" Toshiko Mori —— 238
Singapore Mediacorp —— 240
"A Vanguard Vessel of Media" Heng Chye Kiang —— 256
Shenzhen Sea World Culture and Arts Center —— 258
The Bihar Museum —— 276

—In Progress
Shibaura Area Redevelopment Project —— 294
New Yokohama City Hall —— 295
Amaravati Government Complex Competition —— 296
Aga Khan Centre —— 297
Taipei Main Station Area Redevelopment —— 298
Reinhard Ernst Museum —— 299
Nagano City Hall and Performing Arts Center —— 300
Miraisozojuku —— 301

Profile —— 302
Awards —— 303
Project data —— 304
Staff List —— 306
Photo Credit —— 307

序文　New Humanismの建築をめざして

槇 文彦

　この作品集は、21世紀に入ってから日本国内外で完成したプロジェクトを中心にまとめられている。しかし、建築は人間と同じように生まれてから時とともに生きていく。したがって成長と成熟の項では1960年以後、我々が育ててきたいくつかの記憶に残るプロジェクトを取り上げてその生きざまを追っている。

　建築はまた、人間が生きるために空間が必要であるのと同様に、建築の内部空間、そしてそれを取り巻く外部空間、時にはより広い社会空間の一隅を占めながらそこに人間が様々なかたちで参加することによって、初めてその空間の存在価値が定められることを写し出したかった。この作品集はしたがって、時とそして空間とともに生きる建築を我々がどのようにつくろうとしてきたかの軌跡であり、そしてこの稿の最後に述べているNew Humanismへの提言でもあるのだ。

◎**時が建築の最終審判者である**

　時とは歴史という言葉に置換してもいいかもしれない。そして建築も人間という言葉に。そのとき、先の言葉は「歴史は人間の最終審判者である」ということになる。ここでは人間とは抽象的な人間でなく、個々の人間を意味している。たしかに建築と人間の一生には極めて類似したところがある。両者ともまず生を享けてこの世の中に出現する。人間は100歳前にほとんど死に直面する。建築はより永く生命を維持するものも多いが、時に不慮の死を遂げるものもある。ニューヨークのワールド・トレード・センターの生は30年に至らなかった。

　そして生誕のあり方にも類似性を見出すことができる。王室あるいは著名人を親にもった子供は、それなりに生後周縁社会の注目を浴びることが多い。同じように著名な建築家の手による、あるいは新しい様相をもった建築が誕生したとき、当然メディアにも取り上げられ、社会的関心が呼び起こされる。しかし人間も建築もそれに続く振舞い、つまり建築においてはヴィトルヴィウス（前1世紀）によって挙げられた建築の用・強・美（Utilitas, Verditas,Venustas）という三大価値の保持、そしてさらには様々なレベルにおける社会性の展開を時が追い続けることとなる。

　なぜ社会性なのか。芸術家の作品の価値は自己完結型である。その作品が有名な美術館に飾られようと、あるいは一片の紙屑のように処理されても、社会にはなんの影響も与えることはない。建築はそうではない。そこに存在した時点において、社会性の有無が問われ続けられる宿命を背負っている。人間と同じように時代の産物であり、時に象徴にもなり得るからだ。

　建築が人ならば、都市は群衆とみなすことができるのではないか。一見無秩序にみられてきた東京のまちも、様々な容貌、体格、意匠をまとった人間の群とみなすことで、そこに親近感をもつことができるのだ。建物の高さ、表層に厳しい制限を設け、整然としたまち並みに美を見出すヨーロッパの旧いまちは、一斉に行進する軍隊の姿とみることもできよう。そこには、どちらのほうがより人間性に富んだまちであるかという問いも当然存在する。1960年のメタボリズムで大髙正人とともに提唱した「群造形」のコンセプトは個（人間）を重視する姿勢なのだ。

◎**New Humanismとはなにか**

　『漂うモダニズム』*1において指摘しているように、1970年代「モダニズム」という船名をもった大きな船が消滅し、船に乗っていた建築家たちは皆大海原に投げ出されてしまった。そして船とともにそれまで蓄積されてきた様々なマニフェスト、セオリー、そしてスタイルも消滅した。船の中でひしめきあって過ごしてきた喧嘩仲間、友達も同時に失うことになる。なぜか。それはモダニズム自体が巨大な建築のインフォメーションセンターと化したからである。図書館の本のように、あるいは銀行に預けた預金のように、建築家たちはインフォメーションセンターから自由にアイディアを入れたり、引き出したりすることができるようになったからだ。

　しかし船に乗っていたときと異なって、今や1人1人行先はわからないところに向かって泳ぎ続けなければならない。少なくとも泳ぎ続けるために必要なうねりはほしい。うねりはどこにあるのだろうか。そのうねりのひとつとしてあるのがNew Humanismではないかと私は考える。

　そして、その核心は次のように定義できるのではないだろうか。すなわち対象となる建築の生態、空間に秘められている。人間をどう考えたかの思考の形式が、時を経ても消費されずに社会性を獲得したものなのだ。またイズムである以上、我々が住むグローバルな世界において、異なった時代、地域、プログラム、あるいは規模をもつ建築に対しても成立するものでありたい。そのためには、まず人間は空間にどうかかわりあうかという分析から始めなければならないことが多い。人間は向かいあう空間をまず視ることによりそこからなにかを感じ、あるいは考え、そして次の行動（振舞い）をするという習癖を有している。

　我々の現代建築の中で、そうした空間の視覚化の作業によってデザインの骨格を決定した例は多々あるが、その中でオランダの建築家でTEAM Xメンバーの1人であったアルド・ヴァン・アイク（1918-99）のアムステルダムの孤児院のユニットプランにおいて視線がつくりだす空間の求心性（集まりたくなる）、遠心性（外へ向きたくなる）によって子供が悦ぶ巧みな空間構造をつくりあげている。子供の世界は大人の世界と異なって地域、時代を超えて普遍的な空間に対する振舞いが存在している。動物のそれに近い。

　たとえば子供は円を好む。2010年に完成した東京の国際仏教学大学院大学のキャンパスのために仏教を象徴するヒマラヤを中心として、そのまわりに7つの同心円で構成された彫刻をつくったが、そこを訪れる子供たちは必ず円弧の石の上を駆けめぐる。また最近完成した東京電機大学の東京千住キャンパスは塀も門もないオープンキャンパスであるため、近くの保育園から先生が幼児を連れて毎日のようにその中心広場に遊びにくる。そこでコンクリートの白柱に抱きつく子供たちをみていると、かつて母

新宿副都心ターミナル
再開発計画（1960）。

うねりの中に姿をあらわす建築
―漂うモダニズム（2013）。

アムステルダムの孤児院
―アルド・ヴァン・アイク（1960）。

親に抱擁して貰った記憶が彼等のDNAに刻みこまれているのかもしれないことに気がつく。子供たちは絶対に四角柱には抱きつかない。ヴァン・アイクの思想は、同じオランダの建築家ヘルマン・ヘルツベルハー（1932–）がつくった保険会社の建築にも受け継がれている。

私にもひとつの経験がある。それはMITの新メディア研究所（2009年）の設計にあたって、施主のニコラス・ネグロポンティからどうか「大きな家」をつくってくれと依頼されたときである。我々は「大きな家」とは、誰もがどこにいても自分の場所を視覚的に容易に認知し得る空間構成をもっているものではないかと考えるに至った。メザニン空間形式をもつ7つのラボを立体的に組み合わせその隔壁をすべて透明なガラスにすることによって、垂直、水平、斜め方向の視線が成立し、その結果、そこで研究する人たちの「大きな家」が実現したのである。

さらにシンガポールの巨大な楕円形のアゴラ空間（240m×180m）においても、透明なスクリーンによって「大きな家」という雰囲気が形成されている。愉快なことはアゴラ空間の中心部は4つの図書コーナーによって構成されているが、その真ん中にコーヒーコーナーとビリヤード台が何台か置かれている。24万m²の床面積をもつ高密度キャンパスのヘソに当たるところで学生たちがビリヤードを楽しんでいる光景には、ちょっとしたユーモアが感じられるのではないだろうか。

◎空間が新しい機能を刺激し悦びを与える

このような出来上がった空間は、建築家が想像していなかった機能を誘発する力ももっていることを我々は発見する。我々がつくってきたプロジェクトでもそうした経験に事欠かない。三原市芸術文化センター（2007年）の観客席1200を有するホールのホワイエを静かな公園側に面させたために、ホールでパフォーマンスが行われていないときはホワイエが市民の憩いの場、小さなコンサート、そして結婚披露宴にも利用されることがたびたびあるという。スパイラル（1985年）5階の後方の静かな庭園も、レストランとともに披露宴に使われている。先に述べた東京電機大学の中央広場が近くの保育園の子供たちの遊び場になっていることも、我々の想定外の光景であった。このような情景が都市生活を確実に豊かにしてくれるのだ。

紀元前30年頃共和制ローマで活躍したヴィトルヴィウスは、建築がもつべき3つの普遍的価値として用・強・美（Utilitas, Verditas, Venustas）を挙げていることはよく知られている。Venustasは美を意味する。しかし近年ヨーロッパのある学者が、彼がVenustasに託した意味は美ではなく、悦びではないかと提言し、多くの共感を得ているという。なぜならば美の概念は時代、文化、そして時に個人の嗜好によって大きく変わるのに対し、悦びは動物、子供も含めて世界共通の普遍的価値であるからだ。特に形態よりも空間がそうした悦びを人間に与えることが多いのだ。

その中で子供の悦びを最もよくあらわした空間に、手塚貴晴が設計したふじようちえんの屋上庭園がある。1枚の写真からも、いかに子供にとって素晴らしい悦びを与える空間であるかが理解できよう。しかもこの庭園は、子供が好きな円弧でできている。

◎孤独は私の故郷である

こうしてこのようにつくられたものの観察を通して、我々は空間と人間の関係について様々な現象を発見することができる。そのひとつに、都市における孤独な空間の存在がある。私はドイツの哲学者フレデリック・ニーチェがいった「孤独は私の故郷である」という言葉が好きだ。孤独は忙しい都市生活の中において、1人1人の人間が静かに自己の存在を確認し得る一刻であるからである。青山通りに面したスパイラルの1階から3階に向かって、ファサード沿いに我々はゆったりとした幅の広い階段を設けた。我々がエスプラナードと称するその階段の一隅に何脚かの椅子を置いた。この建物は過去30年間、内部の利用は常にめまぐるしく変化してきたが、この一隅の常に誰かが椅子に坐ってぼんやり青山通りをみたり、本を読んだりしているその情景だけは全く変わることがなかった。

同様にヒルサイドテラスのカフェに昼頃行くと、何時も中老の男性が同じ椅子に坐って前面の広場を介して道行く人々をみている。彼はまず1/4の赤ワインを頼み、それが半分なくなったところでサンドイッチに手をのばし、コーヒーで彼のritualは終わりを告げる。カフェの人に誰かと聞いたら、近くの教会の牧師さんだという。しかしこうした孤独の姿にはある種のゆとりと威厳がなくてはならない。それは空間のしつらえにも依存するところが大きい。こうした威厳のある歩行者空間の世界でも最たるものは、イランの古都イスファハンの2kmの長さに及ぶチャドバックである。幅員100mには普通の建物に接した歩道が設けられているが、素晴らしいのはその中央に両側の車道より少し高く、豊かな並木に囲まれた歩道が設けられていることなのだ。夕方になると仕事を終えた人々が1人で、あるいは2、3人で、川で終わるこのプロムナードの散歩を楽しんでいる。

◎建築の姿

先にひとつひとつの建築は人間に例えることができると述べた。英語の字引でfigureという言葉を引くと様々な意味が羅列されているが、建築に関係するものだけでもかたち、外形、図、図形、デザインと多岐にわたるが、人体に関するところは姿、容姿、恰好等がある。私は今ここで人体になぞらえた建築の形態について少し述べてみたい。日本では姿のいい建築とは、ちょうど人体でいえば個々の要素がよいバランスをとりながら全体が構成されているときに使用される場合が多い。浮世絵等では後姿の美しさを描いたものも多いが、建築ではどうだろうか。私は建築において最も美しい姿をもっているものとして、アテネのパナティナイコの広場とその後背に広がるオリンピックの発祥地でもあった屋外競技場を挙げたい。この施設はT字道路がぶつかるところに展開され、1959年、その存在を知らずに車を走らせていた私にとって衝撃的な

アゴラで遊ぶ近所の子供たち
―東京電機大学千住キャンパス（2012）。

ふじようちえん　　撮影：新建築社写真部
―手塚建築研究所（2007）。

エスプラナード
―スパイラル（1985）。

チャハール・バーグ通り，
イラン・イスファン。

出会いでもあった。なぜ美しいか。それは施設が我々を招きいれるような、別の表現をすれば抱擁の姿をみせているからである。周知のように、抱擁は見知らぬ相手に対しても愛情を示すひとつの姿であるからだ。私は、このパナティナイコの広場と競技場は世界でも最も美しいアーバンデザインのひとつに挙げたいと思う。ここまで私は思いつくままに、人間と建築の直接的な関係において重要ではないかということを挙げてきた。

◎ **人間は地面を愛する**

ここで一転して建築界、特に日本の建築界の状況に眼を移してみたいと思う。日本は先進国の中でも最も急速な人口減少、そして高齢化、少子化が進行中で、日本国内の建築市場は確実に縮小の一途をたどっている。さらに日本特有の組織事務所の拡大によって、多くのアトリエ事務所の将来は決して明るいものではない。しかし逆に、それゆえに建築設計に対して新しい領域の開拓を志す若い建築家たちも確実に増加している。たとえば、地域社会との関係を強化することによって新築も改築も含めた建築市場の開拓、設計のみならず施工までかかわりあう建築家の職能の拡大。これはすでにスイス、オーストリア、アメリカでも旧くから実践されている。また、私の手許に届けられた書籍『これからの建築士』*2、あるいは昨年のヴェネチア・ビエンナーレの日本館の展示に集録された「縁」をテーマにした作品集*3、そこから新しい共通する建築設計の姿勢がみえてくるのだ。

その共通した姿勢とは、まず「地面」に対する愛着にある。彼らは地面を人一倍愛する。かつてバナキュラーの建築を育ててきた人々がそうであったように、彼らはその場所特有の天候、地勢、風、樹木そして地続きに住む隣人、さらに居縁の人々の振舞いからも啓示をうける。もちろんその市場は、ニューリベラリズムが都市に要求するそれとは比較にならないほど小さい。しかし重要なことは建築設計、そして生産に対する社会の新しい認識がそこに生まれつつあることにある。産業革命に端を発した第1の生活革命から、現在我々は第2の生活革命の始まりにあり、そこでは建築においても新しい社会性が必要とされ、要求されているのではないだろうか。

空間の汎用性とはシェアリングの思想でもある。その作品集に挙げられているひとつの例*4は、4人の家族が様々なアクティビティのために地面につながる空間は様々な行動のために使用されることを示している。東京電機大学のオープンキャンパスも、子供の遊び場も含めて地域住民のための様々なシェアリング空間を提供している。

私はこの序文の最初に述べた我々の半世紀の限られた経験、発見とこうした次のジェネレーションの間に存在する共通の関心が存在していることを発見する。たとえば視線の構造が誘起する人間の振舞いとそのひとつの結果としての共感の出現、汎用性のある空間への社会的要求の深化への対応。社会空間の中での真の孤独性の獲得なのである。

◎ **社会に存在する潜在的欲望の発見**

私たちが九州中津市に風の丘葬祭場(1997年)をつくってから20年以上の月日が経つ。「成長と成熟」でも触れているが、この施設ができた後、私はたびたびこの地を訪れる機会があったが「ここで私たちも平和に死ねます」という言葉に接したとき、私は初めて建物のプログラムにない、彼らのこうした施設に対する潜在的欲望を発見することができたことに気がついた。それまで私が立派な葬式の後に連れてこられた雰囲気もなにもない貧しい葬祭場、そしてその対極にある大都市の石づくりの空港ターミナルのような巨大な葬祭場、そのどちらにも違和感をもっていた私は、たまたま人口10万人のこのまちでここへくるものが静かに愛する人との最後の別れの時をともにする場をつくることができたのは幸いであった。人々は潜在的欲望がなんであったかを、建築ができたときにそれを経験することによって初めて建築家とともにそれを知ることができるのである。

ニューヨークの「グラウンド・ゼロ」において我々が設計を担当した4ワールド・トレード・センターが完成した後、ちょうどここを訪れていた見知らぬ人にその感想を聞いてみた。中年のその女性は、このガラスの彫刻のような建築をさして「この建物は美しいニューヨークのまちを、そして不幸にもここで亡くなった人々の魂を写し出しているから私は好きだ」といってくれた。当然、天候、時期によってこのガラスの彫刻が様々な表情を写し出してくれることはそれなりに建築家として期待はしていたが、その亡くなった人の鎮魂のひとつの姿としてこの建物の姿をとらえてくれたひと言は、私にとって思いがけなく嬉しいひと言であった。風の丘葬祭場の「平和に死ねます」という言葉と同様に、人々は建築を通して生と死の問題を認識する。

さらにつけ加えれば、この建物ほど多くの見知らぬ人々から自分はこんなこの建物の姿を写し出すことができたと、写真を送られてきたことはなかった。これもスマートフォンのお陰なのだろうか。

◎ **神は細部に宿る**

かつてフランスの文豪ゾラは、たびたび文学に重要なのは細部へのこだわりであるといった。同様に建築家ミース・ファン・デル・ローエもこの言葉を好んだという。細部へのこだわりは、その作家の対象とする行為への愛情の深さを示す尺度でもある。私は『漂うモダニズム』の中で、アスプルンドのプロジェクトのひとつの吹抜け空間の上部開口部における、みたいみせたくないという視線の問題を美しく解いてみせた1枚の写真を紹介した。このようにたとえひとつの小さな施設の中でも、そこに無数の神を宿らせる機会は存在するのだ。アスプルンドの開口部のように、細部のデザインは究極には人間の五感に対する理解度につながる。つまり人間をどのように、どのくらい理解しているかを示しているのだ。

私たちの場合、ある素材を与えられたとき、いかにその素材のもっている本質を細部に至るまで使用し、表現し得るかに工夫をこらすことが多い。それはそれぞれの素材

パナティナイコ競技場、ギリシャ・アテネ。

風の丘葬祭場 (1997)。

に対する建築家の愛情の深度の表現でもある。今回この作品集における先に述べたガラス、アガ・カーンミュージアムの石、シンガポールのメディアコープのステンレス・スチール、ビハール博物館のコールテン鋼は、それぞれの特質が建築にどのような姿を与え得るかの課題に挑戦しているのだ。そこにゴールが存在しないことが建築設計の魅力でもある。

◎人間愛と人間学

ここまで述べてきた様々な建築の今日的深題に対するアプローチ、姿勢の背後に一貫して存在するものは、私は「人間愛」ではないかと思う。

かつてハーバード大学のアマルティア・センが『朝日新聞』のインタビュー（2009年2月24日）の中で、国を超えて人々を統合するような市民運動は可能かという問いに対して、彼は「グローバルなアイデンティティは誰にもある。それは他者への基本的な同情心だ。道で転びそうになる人を見たら、その人がどこの国の人か、何教徒か、何語を話すかを知る前に思わず支える……」と答えている。ここで彼のいう同情心とは人間愛とよみかえてもいいだろう。人間愛が隣人愛を呼び起こし、場所愛を育んでいく。そこからコミュニティ意識も生まれてくる。ヒルサイドテラスを中心としたコミュニティ意識のたかまりはそれを雄弁に物語っている。これらの愛情に支えられた建築が時代を超えた普遍的な社会性を獲得していくのではないかと考えてよい。もちろんそれぞれの建築がいかに人々の心を動かすか、感動を与えるかその優劣の差は存在する。先に挙げたパナティナイコの競技場、イスファハンのチャドパックの歩道は、永久に人間愛の象徴として存在し続けるであろう。

このように人間愛をベースにした時間、空間との語り合いは現在も至るところで続けられている。

今から6年前、マドリッドの友人を訪れたときのことである。その友人がサンティアゴ広場に連れていってくれたとき、ちょうど広場の前面にあるオペラハウスの外壁に取り付けられた小さなスクリーンを広場に坐った群衆が熱心にみつめている光景にぶつかった。なんなのかと彼に聞くと、ちょうど中で行われているヴェルディのオペラをドミンゴがうたっているところという答えであった。なぜ有名なドミンゴのうたを無料で聞くことができるのか？　一瞬とまどった私はすぐに「無償の愛」という言葉を想い出した。無償の愛は英語ではnon conditional（あるいはnon conditioned）loveという。それに近い考えはたびたび聖書にもあらわれるという。文化とは本質的に社会に対する無償の愛の表現であり、行為なのだ。ネオリベラリズムの求める商品価値とは無縁なものなのである。先に取り上げたパナティナイコ競技場も、時に外からあるいは丘の上から誰かが競技を盗み見してもよいという無償の愛の行為でもある。

ちょうどある美術館のコンペに参加していた私は、即座に大きなスクリーンをもち、また内部の様々なパフォーマンスも写し出せる空間を美術館の中心的建築要素として全体を構成した。New Humanismを表現する機会は無数にあるのだ。そしてその姿勢はITの世界を通じて世界的なうねりとなっていくことも容易に想像できるのである。

しかし、これらの様々な人間愛に基づく設計行為を総括するNew Humanismは、イズムとして存在し得るのであろうか。予見として、私は存在し得ると思う。理由はふたつある。ひとつはそれが冒頭に述べた唯一の共感によって結ばれたうねりであるからだ。そのよい例のひとつとして、イギリスの建築誌"the Architectural Review"が毎年主催するEmerging Architectureという世界の若手建築家の作品を顕彰する試みがある。その多くは小作品であるが、2011年のその作品分布をみると日本とスペインに集中し、他はスリランカ、タイ、エストニア等である。これは審査員の共感の結果であり、スペインのようにあるいは3.11後の日本のように、決して若い建築家の生活が豊かでないにもかかわらず、そこに大国、大都市とは無関係の若い世代の未来への息吹が感じられる。さらにその作品の多くには、子供の世界が示す愛情の世界が展開しているものも興味深い。

もうひとつの理由として、日本の代表的な社会学者の見田宗介による興味深い見解が挙げられる。それを要約すれば次のようになる。知の世界において文学も社会学も多くの人為的な壁によって互いにさえぎられてきた。したがって次の時代に必要なのはこれらを統合する人間学でないかという。私見によればそれは単に文学と社会学の世界だけでなく、経済学、人類学、心理学等、様々なかたちで分断されてきた知の領域の統合の必要性を示唆していると思う。そのとき建築学も都市学も、人間学の存在によって新しい展望が可能になるのではないのだろうか。当然歴史に存在してきた建築の祝祭性についてもそこで触れられねばならない。新しい建築理論の展望が予感されるのだ。

*1 槙 文彦『漂うモダニズム』左右社、2013年
*2 倉方俊輔、吉良森子、中村勉編『これからの建築士・
　　職能を拡げる17の取り組み』学芸出版社、2016年
*3 山名善之、菱川勢一、内野正樹、篠原雅武編著『en「縁」：
　　アート・オブ・ネクサス-第15回ヴェネチア・ビエンナーレ
　　国際建築展日本館公式カタログ』TOTO出版、2016年
*4 ヨコハマアパートメント、ondesign、2009年

時に空に溶け込む彫刻的な姿　　撮影：SPI
―4ワールド・トレード・センター（2015）。

イェーテボリ裁判所
―グンナール・アスプルンド（1937）。

大阪新美術館設計競技案（2017）。

The Architectural Reviewによる
ar+d award新人賞の受賞作品分布図（2011）。

エッセイ 成長と成熟

槙 文彦

　建築には人間のような早生児はほとんどない。どちらかといえば身籠ってから生まれるまで10年以上かかるものも稀ではない。
　しかし生まれれば皆新生児なのだ。そこからは人間の幼児のように成長、成熟の道をたどることとなる。もちろん老いもあれば、予期しないかたちでこの世を去るものもある。建築の一生も、人間のそれと同じように色とりどりなのである。私もこの半世紀以上、自分たちが生んできた多くの子供たちの生活を見続けてきた。特にその中で印象深いいくつかの子供の生活を取り上げてみたい。

　ここで取り上げるプロジェクトはすべて4半世紀を超えたものである。その中でも最年長を誇るのは今から半世紀以上、正確には1960年に誕生した名古屋大学豊田講堂とセントルイスのワシントン大学のスタインバーグホール、どちらも私の建築家としての処女作として想い出の深いプロジェクトである。スタインバーグホールは最近ギャラリー、レクチャーホールのインテリアが我々の提案に基づいて白色に一新された写真を見せてもらった。しかし我々はそのデザインには現場の指導まで参加していなかったので、そのかわり60年近くつきあい続けた豊田講堂について、建築の一生「築生」ともいうべきその後について述べてみたい。

　築後60年といえば、人間でも高齢化の入口にある年齢である。当然ながら、当時の打放し外壁のコンクリートは汚れが目立つとともに、内部空間の設備系の劣化も激しくなっていた。特にオーディトリウムの椅子も60年後、身体の大きくなった若い世代の人たちには狭く、舞台とサポートの空間も様々なイベント等に対応するのには手狭になってきた。そのため、座席数は1600席を1300席とし、卒業式に対しては新しく拡大された後部のホワイエに可動椅子を設けて対応することとした。そして外壁の修理を、ここを施工した竹中工務店の技術部と慎重に検討した結果、表面のコンクリートを3cm削り、5.5cmの打増しによって見違える外観が再現された。当然そのためには、再び寄付者であった豊田自動車からの十分な資金提供によって、初めてこれらの再工事が可能となったことをここで銘記しておかなければならない。
　その後、このオーディトリウム、そして広いホワイエは様々なイベントに使用され、特にオーディトリウムでは本格的なコンサートをはじめ、その利用率は格段とあがっていると聞く。この講堂は2007年に再稼働しているが、嬉しいことは、この豊田講堂はちょうど東京大学の安田講堂と同様、現在キャンパスにおいても、その後その周縁に様々な施設が拡充されたにもかかわらず、前面のセンター・モールとともにその象徴的存在を維持し続けていたことにある。そして近年、有形登録文化財にも指定されていた。
　このように50年後、新しい息吹をもって生活し続ける豊田講堂は、我々の建築家人生の中でも特筆に値するプロジェクトといってよい。ここでもよい建築とは、真に社会的資産としてその価値を持続されねばならないことを示している。

撮影：北嶋俊治

次に述べるヒルサイドテラスは同じように50年近い年数を経て、なお今日、東京、いや日本全国の都市デザインのひとつのモデルとして認知されている。

その特色は、1979年から2004年までちょうど4半世紀の間にゆっくりと6期にわたって成長してきたプロジェクトであり、スローフードに対しスローアーキテクチャーだという人もいる。そこにはいくつかの利点があった。ひとつは次のプロジェクトを考えるとき、前に行ったプロジェクトの経験を様々なかたちで生かし得たこと、あるいは当時激変しつつあった東京のライフスタイルに対応した住居ユニットをつくり得たこと、また、計画の中頃からギャラリー、ホール、図書室などの文化施設を配置し、カフェ、レストラン、店舗とともに、訪れるものも親しみやすいいわゆるパブリック・ゾーンの形成に成功したことなどが挙げられる。それらをつなぐ外部空間も、コーナープラザ、サンクン・ガーデン、中庭、塚をめぐる広場、前庭と奥庭等、地形とプログラムに対応した様々な変化のあるものの集合でできている。

ヒルサイドテラスはヘテロな個をつなぐ集合体なのである。

もうひとつ特記すべきは、この集合体の第1期は建設されてから50年近く、最も新しい第6期も完成してから来年で25周年を迎える。にもかかわらず、ヒルサイドテラス全体はまち並み群としての新鮮さを全く失っていないという事実である。その第1の理由は先に述べたように、広い道路に低容積率と高さも制限された建築群が豊かな緑とともにつくり出した、ある種の風格と親しみのある存在であるからだといってよい。

撮影：ASPI　　撮影：新建築社写真部

緑は建築の成長、成熟に欠かせない要素なのである。さらに第2の理由は、この建築群のオーナーである朝倉不動産による建築群のメンテナンスのよさであろう。建物だけでなく樹木の手入れも含めて。人間でいうならば歯の手入れと同じである。しかし重要なことはメンテナンスのいかんは建物が完成した後、それを引き渡してしまった建築家にその責任はない。建築家がゆだねた建物に対し、オーナーのもつ愛情いかんによって建物のクオリティの維持が左右されるのである。民間の営利施設であれば、当然収入のいかんにかかわるメンテナンスの必要性は認識されている。しかし、修理、メンテナンスに対する予算の少ない公共施設の劣化は特に著しい。

幕張メッセは1989年に完成後、第2期が生まれ、また第1期と第2期を結ぶ陸橋も最近完成した。この施設は半公共施設でもあるが、十分なメンテナンスを怠らない。数年前、ここを見学に訪れたある中近東の視察団が施設の担当者に、この建築は最近完成したのかと聞いたそうである。もしかしたら、農耕民族と狩猟民族のDNAの差がこうしたところにもあらわれているのかもしれない。私が国際コンペの審査員も勤めたニューデリーにあるインディラ・ガンディー・メモリアルアートセンターは築後10年経っているが、昨年訪れる機会があった。このような重要施設でもメンテナンスは決してよくなく、失望を禁じ得なかった。

　つまり、そこでユーザーの施設に対する愛情の存在いかんが端的に問われているのだ。施主の朝倉不動産はもしもヒルサイドテラスが地震で失われることがあっても、現状のデザインを必ず再現するとの意志をもっておられる。その言葉に彼らの愛情の深さを測りしることができるのである。たしかにモダニズムの建築は石や煉瓦でつくられた建築と比較すると、常にその外皮に宿る素材の生命感を維持していくのが困難である場合が多い。それだけに、先に述べた豊田講堂の打放しコンクリートの再生は技術的にも注目されてよいのではないか。意外とコストもかかっていないのだ。

撮影：北嶋俊治

撮影：小川重雄

　成熟とは必ずしも新しさを保持するということではない。人間のそれと同様に、ある種の深みがそこに加わることでもある。鹿児島県指宿市に今から40年前に建設された岩崎美術館の庭からの情景には、私がいう成熟性がそこに宿っている。1層のこの建物の表皮は、鉄骨造の十字型フレームで構成されている。このフレームは簡単に再塗装されるのでその新鮮さが失われることはない。そしてテラスにそっと置かれた小さな彫刻によって、この施設が美術に関与したものであることを示唆している。時とともに成熟した芝生と緑、そして南国の青い空。そこに穏やかな空気が流れている情景は私が最も愛するもののひとつなのである。

撮影：新建築社写真部

　一方同じ再生、新生でも、最もドラマティックな経験は1970年の始め、ペルーの首都リマに設計したPREVIとよばれる低所得者層集合住居群であった。

　細かいプロジェクトのプログラムの詳述はここでは避けるが、我々に与えられた条件の中に、成長する家族とともに建築も成長することができる住居構成であるという要求があった。リマの特有の気候として、湿度は高いが年間降水量は極めて少ない。そのためかセルフエイドの文化が庶民の中に発達し、そのために必要な建材も市の至るところで容易に入手し得るのである。そうした要求を考慮して、我々の住居は彼らが容易に増築することが可能なものとした。

　築後10年くらい経った頃であろうか。私の日本の友人の建築家が撮った写真にはすでに建物の2層化、あるいは道路に接した空間の店舗化、そして派手な外壁の色彩化による新しい姿がそこに写し出されていた。さらに2年前、別の友人の建築家が撮ってきた情景はさらに驚愕を与えるものであった。そこには2階建はおろか、3階建、4階建まであらわれ、唯一原形をとどめているユニットは1軒しかなかった！

　周知のようにこのプロジェクトはメタボリズムのメンバー、菊竹清訓、黒川紀章、槇文彦3人による唯一の共同作品である。メタボリズムを唱えてきた「メタモルフォーゼ」が、正にセルフエイドシステムによって実現したプロジェクトとして永く記憶されるべきものであるといってよいのではないか。

撮影：KMDW

　先に、建築にはオーナーもそしてユーザーも含めて愛情の存在が、その建築の社会性を永く維持していくために必要な条件であると述べたが、その愛情は建物の隅から隅までに存在しなければならないといっているわけではない。ある特定の場所、空間、あるいは外観であってもよいのだ。特定の場所への愛情といえば、スパイラルがそのよい例を提供している。

　青山通りに面して、1階から2階、そして3階のホールのホワイエに通じるエスプラナードと称するゆったりとした階段のところである。このプロジェクトが完成したときに私たちは、青山通りに面して数個の椅子を置いた。そして、30年後、いつも誰かがそこに坐り、眼下の青山通りをみながら思いにふけっているか、本を読んでいる光景を見出す。30年間変わらぬ光景といってよいだろう。ハイブリッドのこの建物はカフェ、エキシビション、ホール、屋上庭園では時とともに異なった光景を提供してきたが、ここだけは変わらない。

　私の好きなドイツの哲学者ニーチェの言葉に「孤独は私の故郷である」がある。数年前、オーストラリアのシドニーでの講演の際、そのエスプラナードの写真をみせたが、講演後1人の若いオーストラリア人の女性が私のところに来て「私が東京に滞在していたときはいつもあそこの椅子に坐っていました」といった。まちの中で楽しむ孤独は万人共通の欲望でもあるに違いないのである。このような我々の経験を通して、人間はなにを好むかを知ることができる。

撮影：北嶋俊治

撮影：SPIRAL

しかし時に人間の希望、あるいは欲望は決して建築家に与えられるプログラム、あるいは施主の言葉から獲得し得るとは限らない。それを私はその社会がもつ潜在的な欲望という。

1997年に、私たちは九州の中津市という人口10万人の都市に「風の丘葬斎場」を完成した。車の到着帯、小路、玄関ホール、前室、別れの場、ウェイティング・ルーム、遺骨収納室等の順路にしたがってそれぞれ異なった雰囲気を与える場所が設定されたこの葬斎場の完成後、すでに「序文」でも触れたように、私は多くの市民たちから「これで私たちも平和に死ぬことができます」という感謝の言葉をうけた。そこで私は、葬斎場に対する彼らの潜在的欲望がなんであったかを発見することができたのだ。彼ら、そこにきたものが最愛の人とどのような雰囲気の中で静かに最後の別れを告げることができるかが彼らの葬斎場に対する希求なのだ。

これは私も経験したことがあるが、建築の巨大都市においては数多くの弔いを同時に処理しなければならないため、巨大な空間が設定され、1人1人が孤独感をもつことができない場合が多い。どうしたらいいか。そこに建築家の設計におけるアイディアの起点が存在するのだ。換言すれば、いかにしてその施設に対して人間が愛情をもち得るようなものをつくり出せるかが、建築家に与えられた永遠の課題でもあるのではないか。

人間の一生と同じように、建築にも死が訪れる。建物の劣化、人間でいえば老化。しかし人間よりも寿命の永いものも多い。そして豊田講堂のような大きな外科治療をうければ、再生、新生も保証されることは人間にはない特徴である。しかし、ワールド・トレード・センターのように30年を経ず、その寿命が終わりを告げるものもある。

私自身の経験でも、様々な理由によって寿命を終えたものには70年代に建てられたものが多い。今その理由を詳述することは避けたいが、それらは半世紀まで生命が続かなかったことを意味している。

しかし所有者の意志に抗して、その生命が持続されたものもある。特に強烈に記憶に残るものが2件ある。

我々は1996年、オランダ北部のかつてハンザ同盟に属していた運河都市グローニンゲンに、市の要請によって小さな船、フローティングパビリオンをデザインした。船は時に岸辺に係留され、船がステージとなって様々なパフォーマンスが展開する。あるいは音楽とともに運河を走行し、時に市街の田園へのピクニック、あるいは詩会に洒落こむこともできる万能船なのだ。30年前お目見えしたときに訪れた私たちは、そのまちの一時的な有名人になったのだ。半年以上気候の悪いこの地域では、夏にかけて人々はこうしたイベントを満喫する。しかし10年経って帆が急速に痛み、お蔵入りを余儀なくされたという便りが人伝えに伝わってきた。さらにその数年後、見知らぬ市民から次のような手紙が届いた。「市は貴方がつくったパビリオンを処分しようとしている。しかしこの国では、公共の施設はその物件を設計した建築家が処分に反対すれば破棄することはできないという法律がある。ぜひ市長に反対の手紙を書いてくれないか……」。私は喜んで手紙を書いた。そして間もなく、このパビリオンの設計、工事を担当してくれた市の1人から次のような手紙が入った。「喜んでくれ。パビリオンはセイブされることになった」と。

撮影：Berthold+Linkersdorff　　　撮影：John Stoel

もう1件は日本の大阪で起きた。大阪府臨海スポーツセンターは大阪市の南の高石市に1972年に完成し、主としてスケートリンクとして市民に利用されてきた。しかし近年になって橋下市長のとき、維持費がかかるということで彼から破棄案が提案された。このスポーツセンターは、高橋大輔選手などを生んできたところとしてよく市民に知られていた。そして市民による破棄反対運動に加えて、ある篤志家の寄付によってセンターはその命を救助されたのである。

　私はすでに建物を維持、成熟させていくためには、その施設のオーナーの愛情がなければならないといった。しかし公共の施設の場合、こうした決定がなされても市民の愛情によって施設の命が救われることもあるのだということをこの例は象徴的に示しているのである。

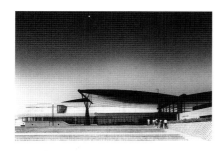  

竣工当時。　　　　　撮影：新建築社写真部　　2017年の状況。　　　　　　　　　　同左。

　1975年に沖縄海洋博のときに建設された沖縄国際海洋博水族館は、建設後さらに巨大な水族館が敷地の背後に建設されたときに廃館になってしまった。しかしこの水族館のシンボル的存在であったPCアーチのいくつかが、海に面したところの休憩パビリオンとして復元されることになった。記憶の形象の例のひとつといってもよいだろう。

　このように我々の限られた経験の中にあっても、人間の一生と同じように、その時とともに展開される姿もまた実に様々なものがある。時がその人間、建築の目撃者であり、かつ支配者なのである。

竣工時の風景。　　　　撮影：門馬金昭　　同左。　　　　　　　撮影：門馬金昭　　復元されたパビリオン。

Washington University in St. Louis
Sam Fox School of Design & Visual Arts | 2006
セントルイス・ワシントン大学 サム・フォックス視覚芸術学部

このプロジェクトは、新たな増築により、分散していた建築・芸術学部をサム・フォックス・アートセンターというひとつのコンプレックスとしてインターアクティブに連携させ、建築や視覚芸術にかかわる施設やプログラムの充実を図るものである。敷地は大学のメイン・キャンパスの表玄関にあたり、そこにミルドレッド・レーン・ケンパー・アートミュージアムおよびウォーカー・ホールの2棟が計画された。それらはワシントン大学の伝統的なキャンパス・プランニングの手法に則り、連続するオープンスペースを既存の建物との間に構成し、ミニ・キャンパスをつくり出すよう配置されている。相対するスタインバーグ・ホールは、1960年代に槇によって設計された建物である。

このミュージアムはコンプレックスにおけるアカデミックなシンボルとして、さらにはセントルイス地域における文化施設の拠点のひとつとして計画された。ワシントン大学が所有する古代の工芸品から近代アートまでの幅広いコレクションを収蔵し、展示している。この建物は、象徴的な多目的スペースである2層のヴォールト天井をもつアトリウムを中心に構成され、3つの展示空間と図書館がこのホールに対して開かれている。2006年10月の開館から1年で約2万人の訪問客が記録され、全米でも名だたる大学美術館といえる。

ウォーカー・ホールには特殊な設備を必要とする美術学科が入る。オープンスタジオとし

コンテクストに沿って、外装は中西部地域になじみのある、かつ新しいモダニズムの精神を反映するように革新されてきた構法や材料が使われた。主要な外装は、インディアナ州のベドフォードで採掘された粗めのライムストーンで、暗めの褐色から明るいベージュまでの色の幅がある。750mm×200mmの細長い石のブロックがコンクリートブロックの壁に水平に取り付けられる。このサイズは、作業者1人が持ち上げて取り付けられる寸法となっている。近隣にある1920年代に建てられた新古典主義の建物にも似た伝統的な取付け方法である。

さらに、煉瓦より大きくパネルというよりは小さいこのサイズは、自然のライムストーンがもつ細やかな質感を表現することができる。軽いサンドブラスト仕上げにすることで、白さが際立ち明るい印象となる。ライムストーンは比較的多孔質な石材なので、地面に直接接する使用には適していない。そこで、地面レベルでは1.5mのPCパネルをライムストーンの下に並べた。PCパネルは、白い骨材を利用してライムストーン色に近づけ、統一感をもちながらもライムストーンとはわずかに異なる調和のとれた表情をつくり出している。

外壁にはめこまれた照明器具やコルゲートパネル、カーテンウォールや窓のシルバーのアルミニウム、そしてガラス面が、石の壁に対して際立つコントラストをつくり出している。1920年代の建物と1960年代の建物、そしてこのコンプレックスの全体において、伝統的な石の素材と見事な技術による現代の製品があいまじり、材料においてもディテールにおいても調和した、新旧5つの建物によるミニ・キャンパスがつくり出されている。

て計画され最大限のフレキシビリティを確保するため、コアはコンパクトに建物の両端にまとめられた。

コンプレックス内の既存の建物はライムストーンを主要な外装材とし、水平方向が強調されたコンポジションをもつため、計画されたふたつの建物もそれらに調和するようデザインされた。外壁のデザインは小さなライムストーンのモジュール(750mm×200mm)を基調とし、既存のコンテクストとの調和を図りつつ、かつ新鮮な印象をキャンパスにつくり出している。

1 ケンパー・ミュージアム
2 ウォーカー・ホール
3 ギブンス・ホール
4 スタインバーグ・ホール
5 ビクスビー・ホール

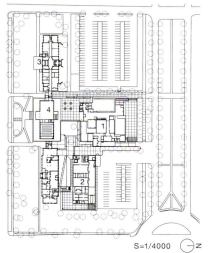

S=1/4000

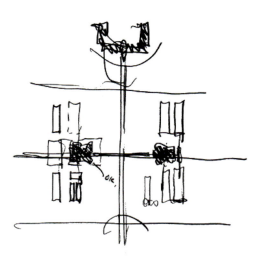

中庭に寝そべって友人の演奏を楽しむ学生。

レベル差のある中庭では、各々が自分のお気に入りの場所をみつける。

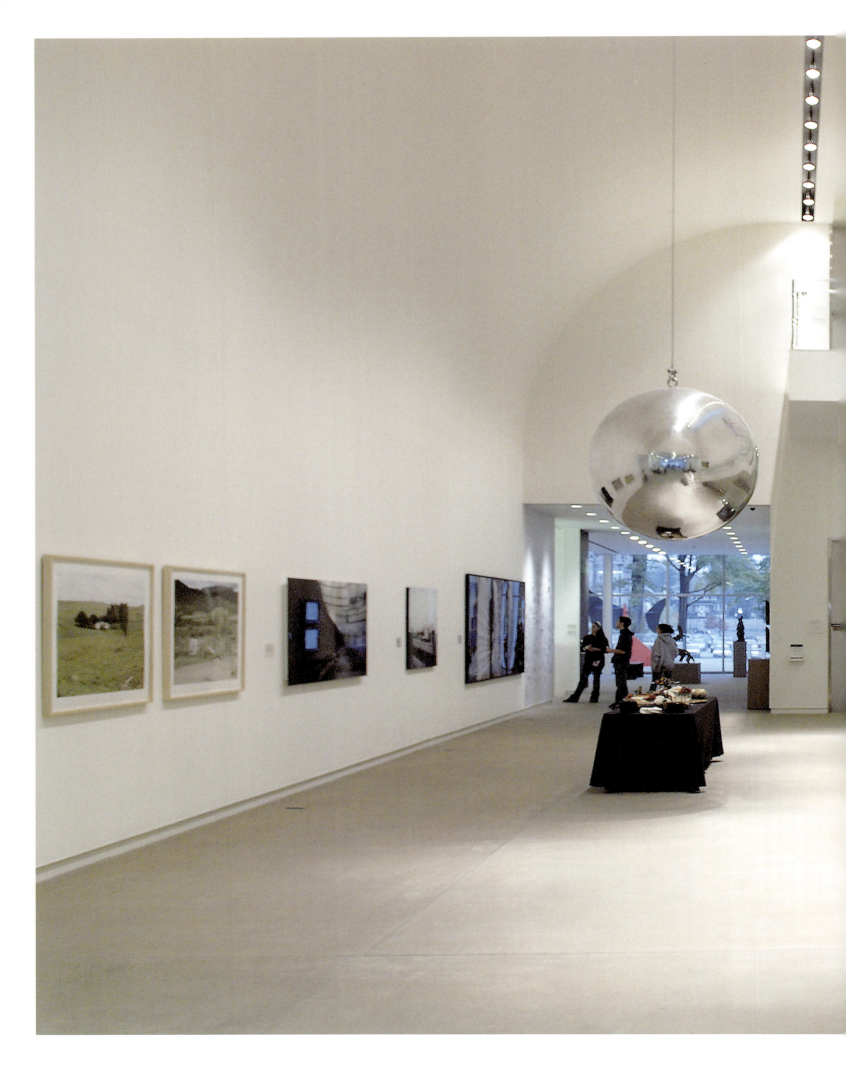

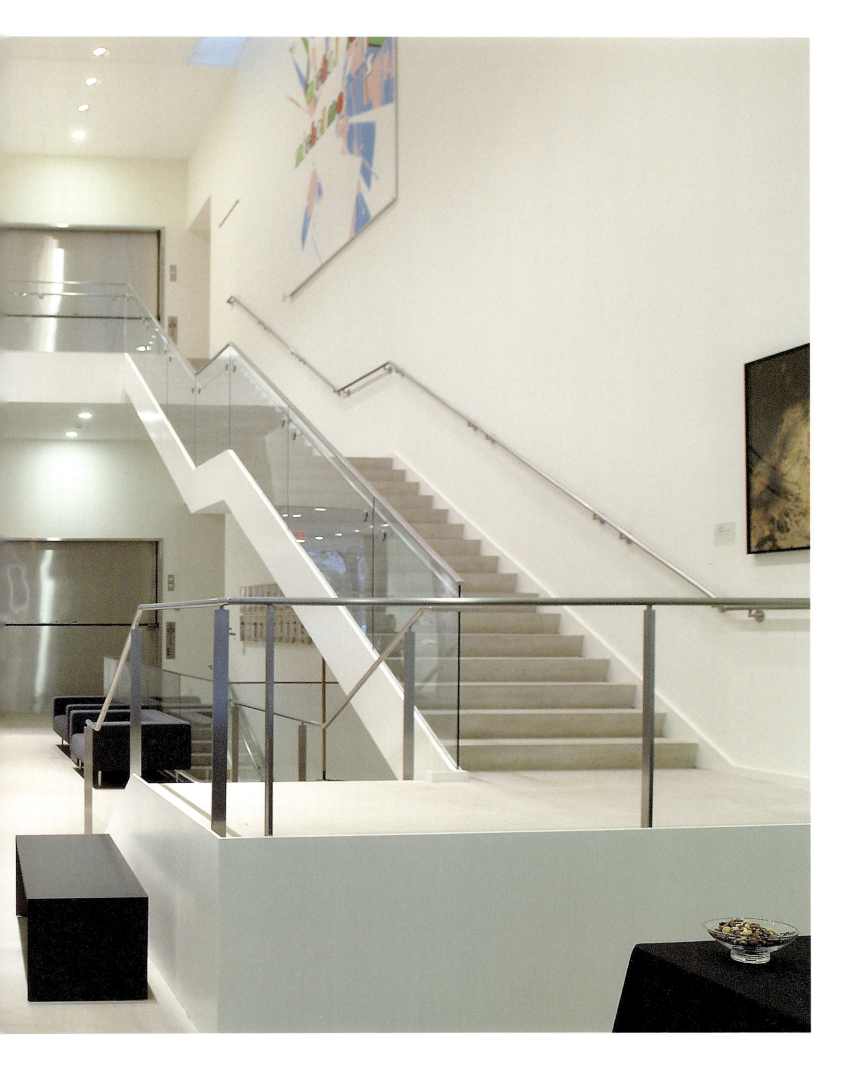

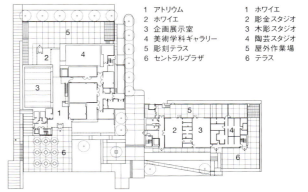

ケンパーアート・ミュージアム	ウォーカー・ホール
1 アトリウム	1 ホワイエ
2 ホワイエ	2 彫金スタジオ
3 企画展示室	3 木彫スタジオ
4 美術学科ギャラリー	4 陶芸スタジオ
5 彫刻テラス	5 屋外作業場
6 セントラルプラザ	6 テラス

ケンパーアート・ミュージアム　　ウォーカー・ホール

2階平面図

ケンパーアート・ミュージアム	ウォーカー・ホール
1 ライブラリー	1 インスタレーションスタジオ
2 閲覧室	2 教室
3 書庫	3 学部スタジオ
4 リサーチルーム	
5 メディアセンター	
6 マネーミュージアム	
7 中庭	

ケンパーアート・ミュージアム　　ウォーカー・ホール

1階平面図　　S=1/2000

彫刻テラスに面したホワイエでの展示風景。
キャンパスの中心軸に沿った並木が奥のメイン・キャンパスへとつながる。

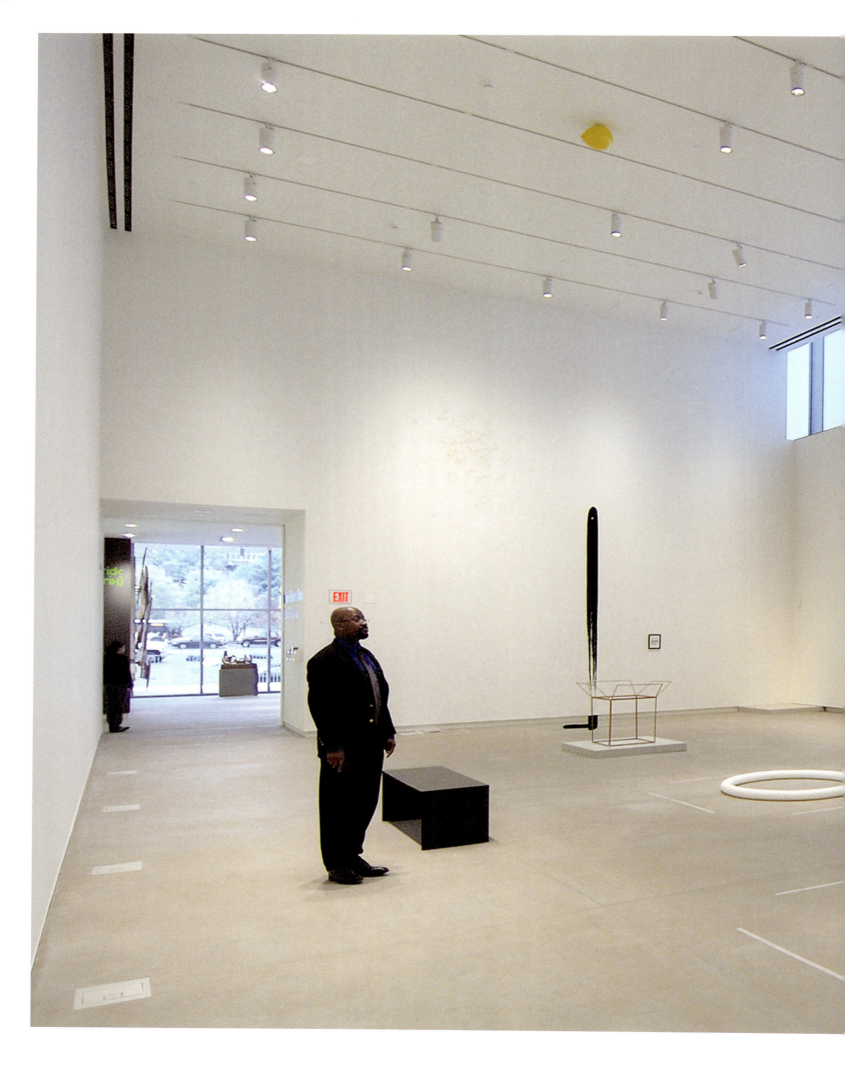

TRIAD | 2002
トライアド

長野県の穂高山麓に工場をもつハーモニック・ドライブ・システムズ社は、最先端工業・科学機器に用いられる精密可動部品を扱う会社である。このコンプレックスは、自然環境に恵まれた、その穂高工場内の敷地に建つ。製品の精度向上のための試作や研究を行う研究棟、会社が預かる飯田善國氏のコレクションを展示・収蔵するギャラリー棟、工場敷地入口の守衛所、この3つの建物が複合していることに由来して、TRIADと名づけられた。3棟の用途と規模は、それぞれの必要に応じて導かれているが、同時にそれ同士の関係性もスタディされ、その結果テクノロジー、アート、セキュリティという、興味深い建築プログラムに基づく施設がゆるやかな外部空間を介して配置されている。

研究棟は、精密部品の試作と研究に適した室内環境を得るために、屋根と壁の区別のない滑らかな曲面の、高い断熱性能をもつ外装材で覆われている。平面的に曲面を用い傾斜屋根がかけられたギャラリー棟は、収蔵庫を回遊型の展示空間が囲む構成をとっている。展示空間は、飯田氏のSCREEN-CANYONという巨大な彫刻を常設展示するための安曇野の景観に対して開かれた展示室と、絵画コレクションを選んで展示するための開口を限定された展示室のふたつに分かれている。場所柄、塀やフェンスに囲われていない工場を24時間警備するための守衛所は、職と住の機能を併せ持つ最小限の擬似的な生活ユニットでもある。ランドスケープは楕円形の緑地のマウンド

や、スチールのプレートで構成されており、3つの建物の躍動感がさらに敷地全体にみなぎるように計画されている。

夏は緑に、冬は雪に覆われる自然の中のコンプレックスの姿は、自然そのものの形態や素材のトレースでもなく、タイポロジカルな建築形態でもない、硬質な矩形と滑らかなカーブの組合せとして立ちあらわれている。テクノロジー、アート、自然にかかわる事象を等価に扱うことにより、これらの諸相が重なり、調和する環境体となることをめざしている。

飯田善國氏の彫刻を中心に多様な光が射し込む展示室。奥のテラスからは安曇野の眺望が開かれる。

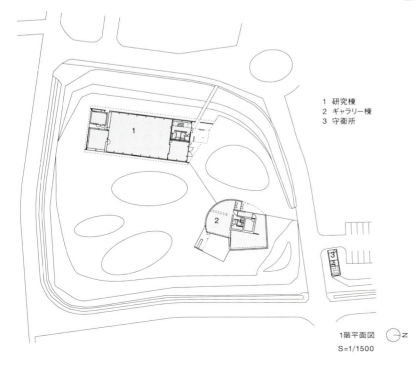

1 研究棟
2 ギャラリー棟
3 守衛所

1階平面図
S=1/1500

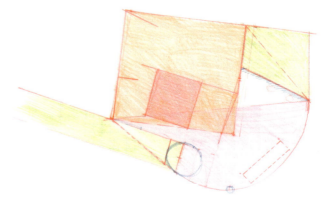

Shimane Museum of Ancient Izumo│2006
島根県立古代出雲歴史博物館

出雲は、宍道湖の水辺から出雲平野の穏やかな風景の広がりに、古代文化を育んだ悠久の歴史が今も感じられる地である。出雲の古代遺跡では近年発掘が相次ぐ。発掘された貴重な文化遺産の多くが、この博物館に収蔵、展示されている。この地は古代から朝鮮を介して中国大陸からの人、もの等の接点であったからである。

敷地は出雲大社の東に隣接し、古代の風景が継承された場所性を強く感じさせるところである。設計では、この北山山系を背景とする緑の多い景観構成に参加しながら、庭園博物館という構図の中で、いかに歴史の重層性を演出するかを課題とした。配置においてまず、出雲平野のような伸びやかに大地の広がる庭園を設定し、その外周を連続する松林で囲うことにより、北山の山並みを借景として浮かび上がらせた。さらに、出雲大社の歴史的な佇まいを尊重し、この庭園が大社境内の豊かな自然に囲まれた環境とつながりのある静寂な場所となるよう、博物館の建築を庭園の南東側に集約した。

景観の構成要素として、建築はガラスと鉄による極めて抽象的な図象による構成をとった。庭園中央のガラスの直方体はエントランスロビー空間で、その東端部がコールテン鋼の壁に貫入している。建築表現において、文化財を保護するための閉鎖性を重厚なコールテン鋼によりあらわし、また、人のいる場所の開放性を透明なガラスによって表象することで、空間と素材感の対比を強調しながら簡潔で力強い構成とした。
来館者がカツラ並木のアプローチからガラスのロビーに近づくにつれて、ガラスのフレームにとらえられた北山の姿が目前に迫ってくる。この明るいロビーからコールテン鋼の壁を抜けると、一転して暗い展示空間が展開する。人々は展示された文化遺産にいにしえを偲び、歴史をめぐる様々な体験の後に、ガラスのロビーにおいて再び北山に迎えられる。さらに階段を上昇するにつれて、庭園に浮かぶ空中園路を回遊するように、取り巻く庭園と背景の山影が変化する。最後に出雲大社の屋根が遠く木々の間にみえてくる。このような古代から継承されてきた歴史の舞台のリアルな体験を通して、人々にとってこの博物館は、過去から現在そして未来へと思いをめぐらせながら、静かに思索する場となっている。

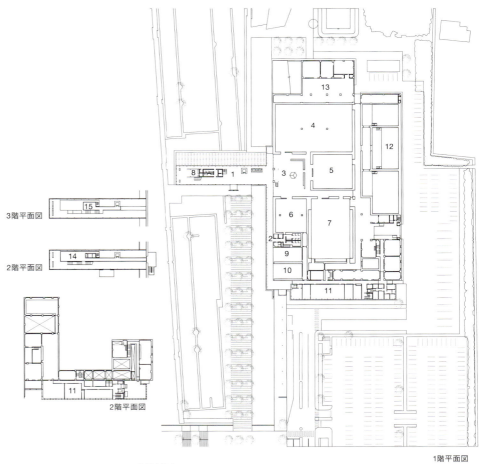

3階平面図
2階平面図
2階平面図
1階平面図

1 エントランスホール
2 ギャラリー
3 中央ロビー
4 テーマ別展示室
5 総合展示室
6 神話回廊・神話シアター
7 特別展示室
8 ミュージアムショップ
9 講義室
10 情報交流室
11 事務室
12 収蔵庫
13 機械室
14 カフェ
15 展望テラス

S=1/2000

仄かな光で照らされたエントランスロビー。中央に出雲大社境内から発掘された宇豆柱が展示されている。

Mihara Performing Arts Center | 2007
三原市芸術文化センター

同じ場所に建っていた旧文化センターと武道館に替わって、新しく建設されたこのセンターは、三原市中心からそれほど離れていない宮浦公園の一隅に建てられている。この公園は野球用グラウンドも含めて地域の住民によく使われ、センターの近くには小さな子供の遊び場もある、どの中小都市にもみられる普通の公園である。与えられたこうした環境とプログラムの中で、まず第1にイメージしたのは公園の中のパビリオン的な佇まいをもった建築の姿であった。

三原市は人口約10万の都市である。1200人の客席がいっぱいになり、ホワイエが講演の前後人であふれるといったことは年間を通じて多くあることではない。しかし一方で市には、リハーサル室、練習室、そして本舞台も常に市民に積極的に利用してもらいたいという意図があった。こうした状況の中から、従来のどちらかというと観客席と一体となった壮大なホワイエではなく、大きなイベントがないときは、市民や公園に遊びに来た人たちも気軽に休んだり、時には展示も含めた様々なイベントに参加できるようなもっとヒューマンなスケールをもったホワイエのほうがいいのではないかと考えるようになった。当然その一隅には小さなカフェもある。そしてホワイエの独立性を高めるために中庭を設け、天気のよいときはここを開放し、様々なイベントにも対応できるようにした。

2007年10月の中旬、オープニングの前日の夕方、我々事務所の数人は西面に広がる芝生の周縁に立って、次第に濃さを増していく空、なお輝きを失わないステンレスのルーフ、そして明かりが灯され始めたホワイエ空間が徐々に変わっていくその対比を楽しんでいた。すぐ近くの遊園地から来た子供連れの家族たちだろうか、ホワイエの前面に張り出されたテラスの上をゆっくりと彼らは歩いて行く。いつこんな大きなものができたのかという訝しさも驚きの気配もそこにはなかった。1人のためのパブリックスペースをつくりたいという願いと努力が、この日までの3年半の歳月に凝集されていたことをあらためて感じた。

S=1/5000

中庭に面するホワイエは人々が気軽に立ち寄ることのできる多目的な空間である。
時には結婚式など様々なかたちで広く利用されている。

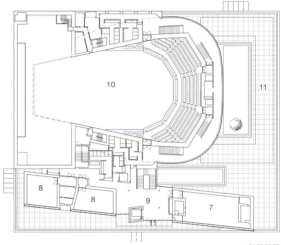

7 リハーサル室
8 練習室
9 ロビー
10 ホール
11 テラス

2階平面図

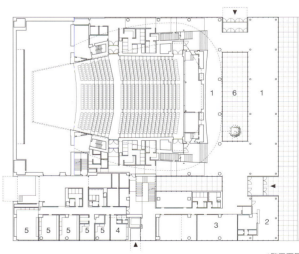

1 エントランスホール
2 カフェレストラン
3 事務室
4 アーティストラウンジ
5 楽屋
6 中庭

1階平面図

S=1/1000

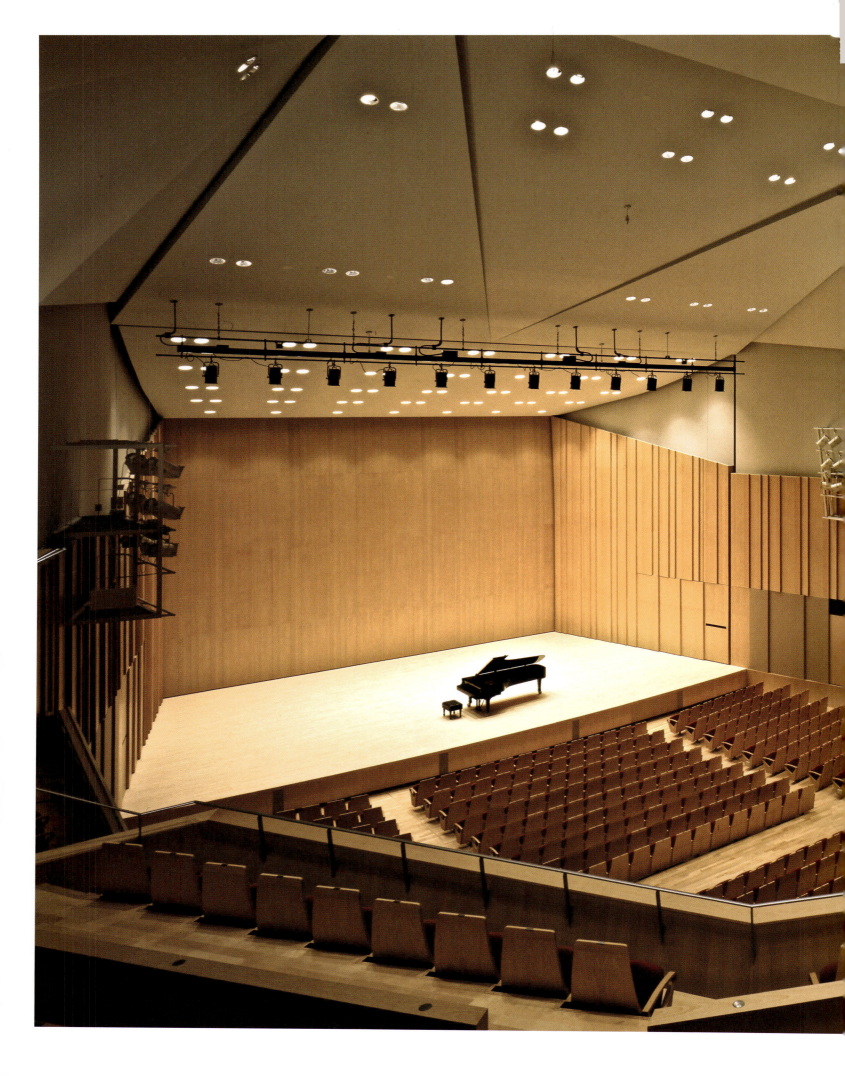

Square 3, Novartis Campus | 2009
スクエア 3
ノバルティス キャンパス

我々は、2005年にノバルティスグループの新しいオフィスビルの設計を依頼された。このプロジェクトは、バーゼル市にある本社キャンパスにおける多数の計画のうちのひとつである。これらの計画は、工業生産地域を現代的な研究管理施設を備えた都市的なキャンパスへと変容させることを目的としている。ヴィットリオ・マニャーゴ・ランプニャーニ氏のマスタープランのグリッドにしたがって、豊かな緑や広場とともに中低層の施設群が配置されている。我々の敷地は、新しく計画されている公園のひとつに隣接しており、それは設計を進めるうえでの重要な要素となった。公園との空間的つながりを意識して、エントランス階内部はチークウッドストーンという石材やメープルのスラット天井などによって、温かみのある空間に仕上げられている。またオフィス階には、公園への眺望を生かし、各階にテラスが配されている。

オフィスの空間構成は、ノバルティスの掲げる"マルチスペースコンセプト"を発展させたものである。そこでは、建物内の研究員や職員の交流を促すような、開放的で透過性と可変性に富んだオフィス環境が求められた。この要求に基づいて、各階が2層の吹抜け空間を介して一筆描きで連続するオフィス空間が構想された。両端に1層ずつずれながら設けられたこの吹抜け空間には休憩スペースやテラス、会議スペースなどが設けられ、異なるワーキング・グループ間の交流のきっかけを提供している。

ひとつながりのオフィス空間は、各部局の編成の変化にともなう必要面積の変化にも容易に対応することができる。各フロアではオフィス空間の透明性、連続性をより強めるために、階段やエレベーターを含むコアを与えられた18m×51mのフロアプレートの対角線上に配置し、その間を傾斜した天井でつなげている。それによってオフィス空間では斜め方向にも階全体を見通すことができ、矩形の輪郭の中にダイナミックで流動的な空間を生み出している。

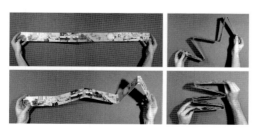

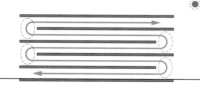

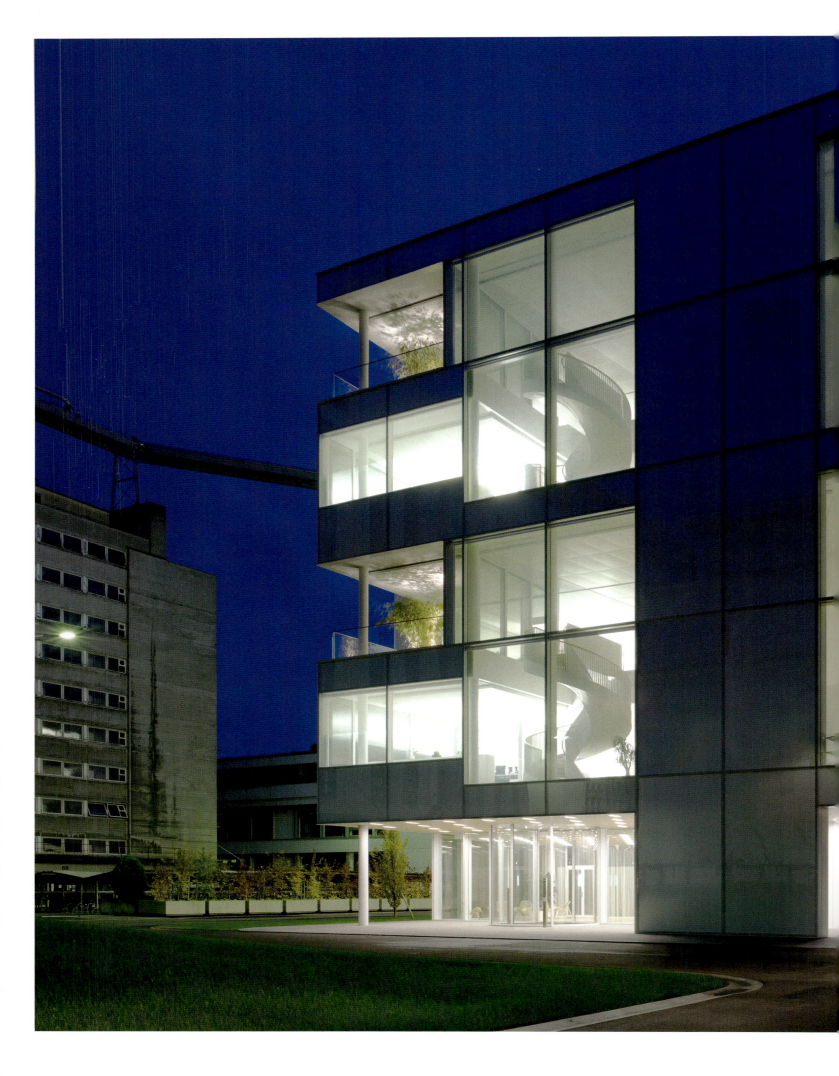

夜には内部からの光が、
建物の空間構成を浮かび上がらせる。

ノバルティスグループの清潔で健全なイメージを反映し、ファサードには高い透明性をもちながら十分な断熱性能を備えた白いガラスのシステムを提案した。このファサードは透明、半透明、不透明な白の3つのゾーンに分けられている。透明の部分は、4層のガラス(断熱ガラス3層とLow-E加工を施した高透過ガラス1層)からなり、間の電動ロールスクリーンにより調光が可能である。半透明の部分は、さらに60%のドットパターンのセラミック印刷が施され、直射日光をさえぎると同時に、白くやわらかなイメージを生み出している。Low-E加工を施した1層の高透過ガラスと白く塗装されたアルミパネルからなる不透明部分は、建物全体の白さをいっそう際立たせ、さらにそのディテールによって、シンプルに構成された建物の姿に陰影の変化による微妙な奥行き感を与えている。

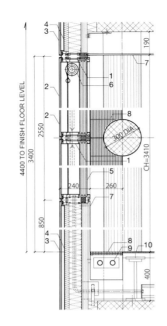

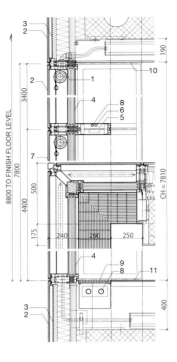

1 アルミ押出型材ユニットサッシフッ素焼付
2 10mm厚高透過ガラスLow-E加工
   60%ドットパターンセラミック印刷
3 10mm厚高透過ガラス
4 アルミパネルフッ素焼付
5 3層断熱ガラス
   (6mm+14mm+6mm+14mm+6mm)
6 電動ロールスクリーン
7 石膏ボード塗装仕上げ
8 アルミグレーチング
9 輻射熱ヒーター
10 タイルカーペット、OAフロア

1 アルミ押出型材ユニットサッシフッ素焼付
2 10mm厚高透過ガラス
3 アルミパネルフッ素焼付
4 3層断熱ガラス
   (6mm+14mm+6mm+14mm+6mm)
5 鉄骨補剛材
6 アルミ押出型材カバー、フッ素焼付
7 アルミ押出型材コーナー、フッ素焼付
8 輻射熱ヒーター
9 アルミグレーチング
10 タイルカーペット、OAフロア

断面詳細図　S=1/30

65

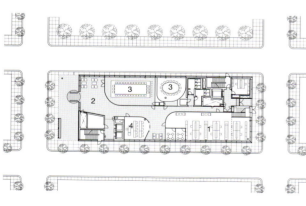

1 事務室
2 ロビー
3 会議室
4 研修室

1階平面図　S=1/1000

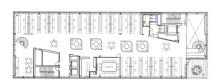

基準階平面図

基準階天井伏図

S=1/1000

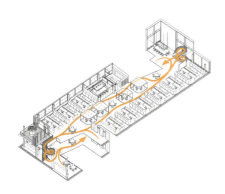

Republic Polytechnic
Campus | 2007
シンガポール理工系
専門学校キャンパス

2002年夏、国際設計競技の結果、我々はシンガポール理工系専門学校(リパブリック・ポリテクニック)の設計者に選定された。シンガポール北部のウッドランドに位置する20haの敷地に、1万3000人の学生と4000人のスタッフが利用する24万㎡のキャンパスが、シンガポールで5番目のポリテクニックとしてつくられた。リパブリック・ポリテクニックの「プロブレム・ベースド・ラーニング(PBL)」という、学生の自主性を重視した教育方針に基づいて、柔軟性と機能性に富んだキャンパス計画が提案された。

さらに起伏のある既存の地形を生かしながら、隣接するナショナルパークとつなげられた"公園の中のキャンパス"をつくり出している。東西の小高い丘にはさまれた谷状の土地に学生の活動の中心となるラーニングハブを配置し、それを取り囲むように管理棟、カルチャーセンター、スポーツコンプレックス、エネルギーセンター、住宅・保育園棟などの「サテライト」施設が配置されている。

「アゴラ」と「ローン」と名づけられた、上下に重なるふたつの楕円形の空間が12棟の「ポッド」をつなぎ、キャンパス全体を統合している。アゴラは既存の地形に対応して8.4mの高低差をもつ段状に連続する空間であり、図書館や食堂、大講義室、特別実験室など学生のための様々な共有プログラムを提供している。8つのコートヤードと外周部から光が射し込むアゴラには、学生や教師の様々な交流を喚起するような多様な空間がつくられている。アゴラ上部に重ねられた1/30の勾配で傾斜した縦240m、横180mの楕円形のローンは、芝と樹木で覆われた屋外空間であり、傾斜した地形に建つ各「ポッド」の3階レベルをつないでいる。

フードコートや講堂などの一般利用者向けの機能は、このローンレベルに配置されている。キャンパス全体を覆う歩廊のネットワークがローン上に広がり、それらがローンを親しみやすいスケールの緑の空間にしている。そこは単なる歩行空間ではなく、授業やイベントに利用され、木陰に学生たちが集うアクティビティの高い空間である。アゴラとローンが互いにつながり、魅力的で立体的なランドスケープをつくり出している。

2015年には、西側にシンガポール工科大学(SIT)が新築され、あわせてリパブリック・ポリテクニック卒業生のための職業訓練棟も増築された。

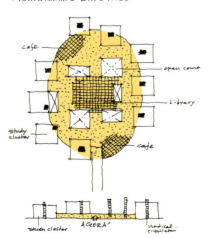

1　ライブラリー
2　食堂
3　アゴラ
4　サウスコート
5　ノースコート

1階平面図　　S=1/3000

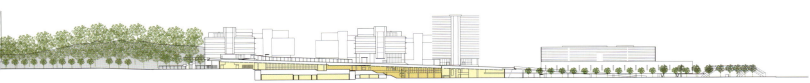

断面図　　S=1/3000

アゴラには、中庭やレベル差、家具などを手掛かりとして
多様な空間がつくられている。
キャンパスの骨格をなす歩行空間であると同時に、
様々な活動に利用される交流のための空間でもある。

アゴラには、中庭やレベル差、家具などを手掛かりとして
多様な空間がつくられている。
キャンパスの骨格をなす歩行空間であると同時に、
様々な活動に利用される交流のための空間でもある。

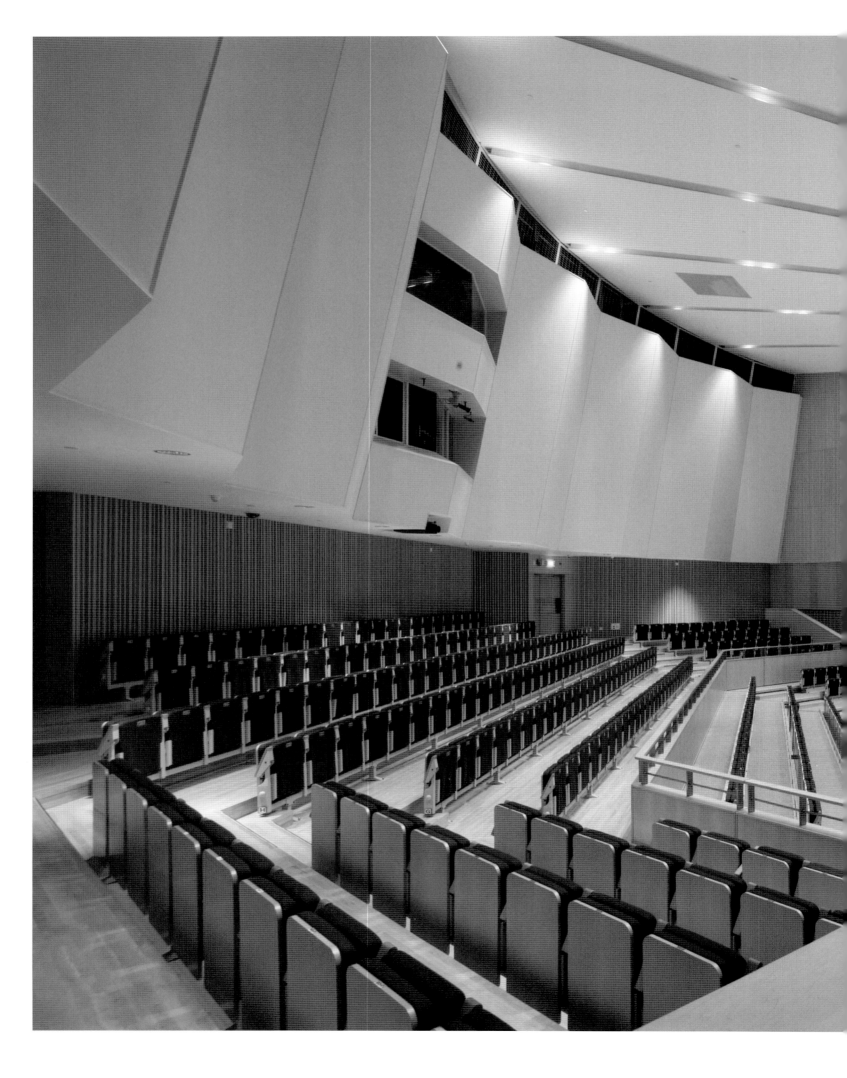

Massachusetts Institute of Technology
The Media Lab Complex | 2009
マサチューセッツ工科大学 新メディア研究所

1980年、MITメディア研究所は建築都市計画学科の中で認知科学、教育学、音楽、グラフィック・デザイン、ビデオ、ホログラフィー、コンピューテーション、人間と機械のインターフェースなどの研究を行っていた「アーキテクチュアル・マシーン・グループ」が大学から分離して設立された。そこでは建築のアトリエのような活発な雰囲気の中、様々な企業からスポンサーのサポートをうけ研究分野の枠にとらわれない最先端の研究が行われている。I.M.ペイの設計により1985年に建てられたメディア研究所はMITキャンパスの東に位置し、我々は1998年にその南側への増築として1万5000㎡の新メディア研究所の設計を依頼された。

ここで我々は、既存建物との結節点ともなるアトリウムを核とする空間構成を提案している。建物の中心を6層にわたって展開するアトリウムは、建物内を縦横につなぐ主要動線空間であり、通りに対して視覚的に開くことで、内部での活動を外へみせている。アトリウム内には、展示や研究発表、交流のための空間が設けられ、周囲の研究室群に対しても高い透明性をもってつなげられている。それによって、すべてのグループの研究者やスポンサー、来館者が研究所内の活動や研究に接することができ、互いに交流し創造性を誘発するような空間をつくり出している。

4層のロウワーアトリウムと3層のアッパーアトリウムはずれて重ねられ、鮮やかな赤、青、黄色に彩られた彫刻的な階段がそれらの空間をつないでいる。研究室は2層吹抜けのオープンな研究スペースとその2辺に接するメザニンの個室群という空間構成をもち、自由な研究活動のための空間を提供している。研究室が1層ずつずれながら重ねられることによって、水平、垂直方向のみならず斜め方向の透明性も生み出し、全体として一体感のある研究コミュニティが創出されている。最上階には光にあふれるウィンターガーデンを中心として、イベント・スペース、大会議室、講堂が設けられ、研究成果を発表する場としてだけでなく、全学の理事会や会議などにも利用されている。テラスからはチャールズ川をはさんでボストンを一望することができる。

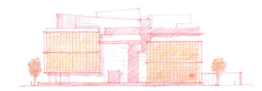

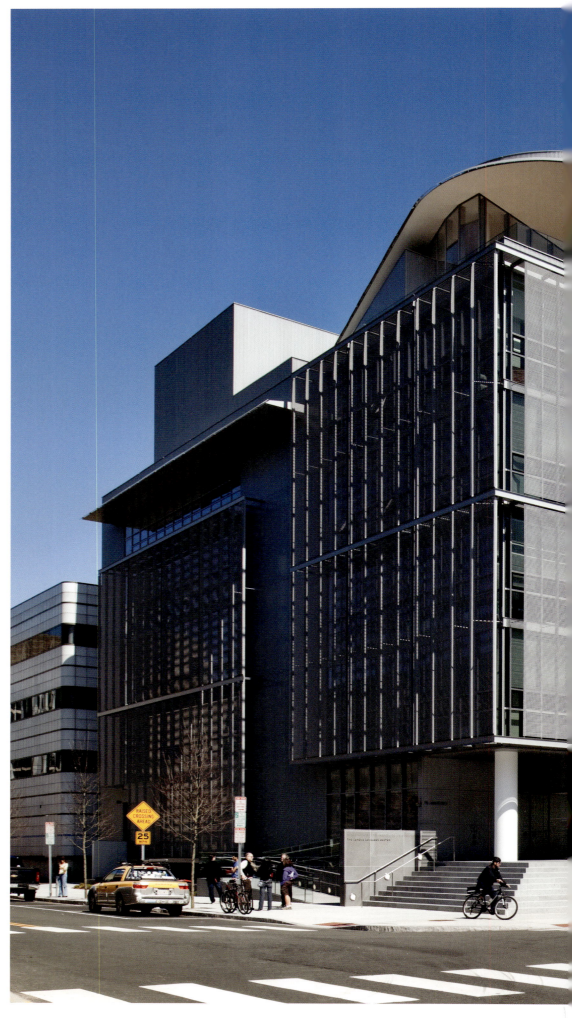

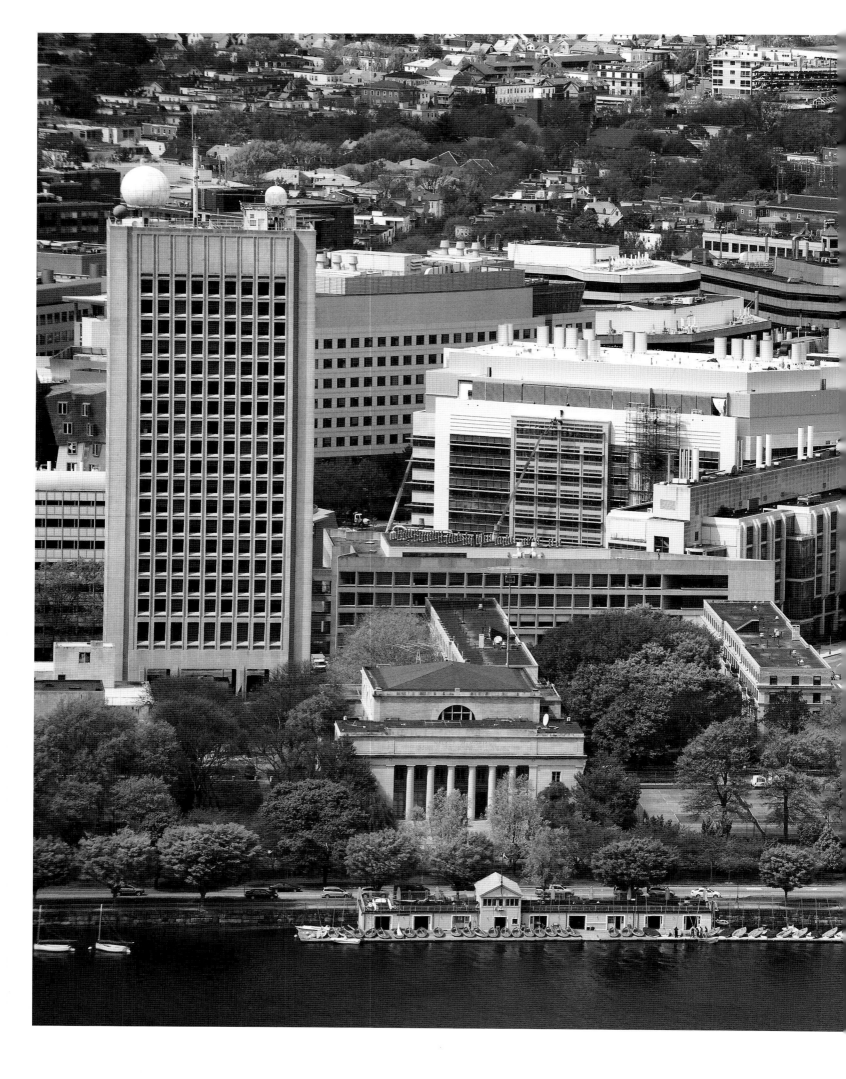

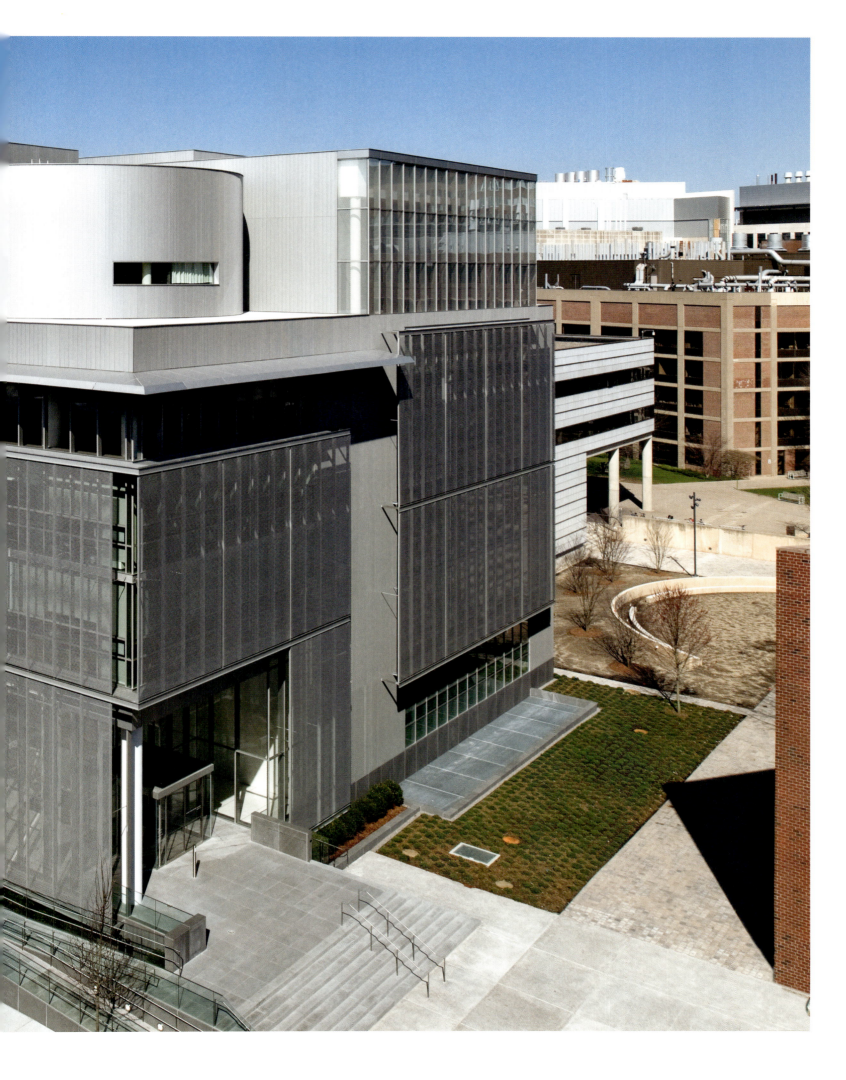

玄武岩の基壇、ガラスのカーテンウォールとアルミのパイプ・ルーバー、アルミの押出コルゲートパネルからなるファサードは、開口率を50％に抑えなければならないというエネルギー基準を満たしながら、高い透明性を実現している。19mm径のアルミ・パイプを38mmピッチでアルミ方立てに固定して1.2m×8mにユニット化されたルーバー・スクリーンが、2層を単位とする研究室の空間構成に対応して取り付けられている。通常は閉ざされがちな研究室が、ここでは自然光に満ちた開放的な眺めをもつ空間となっている。ルーバー・スクリーン、25mmの凹凸をもつアルミ・コルゲート・パネル、1.5mm径のセラミックプリントガラスのドットパターンなどが、アルミ色の建物に様々な透明性や陰影や奥行き感を与え、日の光に応じてその姿を常に変化させる。また、夜には研究室の活動やイベントがスクリーン越しにやわらかく浮かび上がり、新しいメディア研究所の姿が生み出されている。

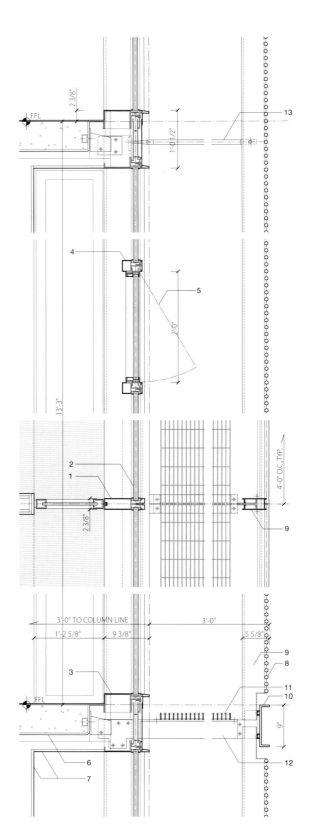

1 方立 アルミ押出型材 フッ素焼付
2 1"複層強化ガラス Low-E加工
3 下枠 アルミ押出型材 フッ素焼付
4 無目 アルミ押出型材 フッ素焼付
5 開閉窓
6 コンクリートスラブ
7 石膏ボード塗装仕上
8 アルミ押出型材パイプルーバー 3/4"φ フッ素焼付
9 ルーバー方立 アルミ押出型材 フッ素焼付
10 アルミ押出型材 フッ素焼付
11 アルミグレーチング フッ素焼付
12 片持ち鉄骨フレーム溶融亜鉛メッキ
13 ステンレススチール丸鋼 1"φ

断面詳細図　S=1/20

"Fumihiko Maki's Social Condenser for M.I.T."
「槇文彦によるMIT社会の縮図」
エドワード・リフソン(建築批評家)/奥山 茂訳

槇総合計画事務所が設計したアメリカ・マサチューセッツ州ケンブリッジにあるマサチューセッツ工科大学新メディア研究所(MITメディアラボ)は、2010年3月にそのグランド・オープニングを迎えた。経済不況に引きずられ、その制作に10年以上を費やして、MITの呼称ではE14として知られる総工費9000万ドル、総面積16万3000平方ft、6階建の洗練された建物として、それはチャールズ川とボストンのスカイラインを望むこのうえなく美しいランドマークに加わったのである。このMITメディアラボは、フランク・ゲーリーのステイタ・センター、スティーブン・ホールの学生寮、チャールズ・コレアのサイエンス棟やそのほかの現代作品をすでにアルヴァー・アアルトやエーロ・サーリネンの代表作で誇るキャンパスに加えてきた感動的な建設運動の最後を締めくくるものである。それ自体に過度な注意を払うまでもなく、それは新しい作品の中でも最も優れた、また時代を超越した作品なのだ。

メディアラボは、ニコラス・ネグロポンティ教授とMITの前学長ジェローム・ワイズナーによる多種多様な分野にわたる研究者の交流を図るという構想に端を発している。現在、メディアラボの研究グループには、アフェクティブ・コンピューティング、生体メカトロニクス、認識する機械、流体界面、生涯幼稚園、媒介物質、音楽、心と機械、ニューメディア医学、さらに未来のオペラに至るまでを含んでいて、それは、たとえば「音楽の作曲や演奏や器楽編成がどのように新しいかたちの表現や学習や健康をもたらすか」を考察するのである。この何年かの間に派生したものにEインク、ギター・ヒーロー、発展途上国の健康管理のためのソフト、地方の地域社会における通信施設、そして「One Laptop Per Child(子供1人に1台のノートパソコン)」という提案などがある。

この数年間というもの、メディアラボは1985年にI.M.ペイが設計した建物に詰め込みすぎていた。MITのほとんどの研究室は閉鎖的で秘密主義であった。ネグロポンティと当時のMITの建築・計画学部長、ウィリアム・J.ミッチェルは槇文彦を訪ね、遊び心に満ちた床から天井までガラス張りでカーテンのない透明な建物を依頼した。彼らは異なる分野の間を限りなく透明にしたいことを伝えたのである。自らの能力に確信をもち、その才能を極めた建築家のみがこの建物をつくり出すことを可能とするのだ。槇総合計画事務所は透明をその真髄とする場を設計したのだ。透明性を高めたガラスの外壁が建物を街路に開く。外側からは多層吹抜けのアトリウムと別の部分へ通り抜けていく様子がすべてみえる。1階にあるふたつの大きな展示空間は歓迎の意識と入ってみたいという願望を高揚させる。ロビーからラボへはエレベーターと階段が上昇する。

ケンブリッジ地区には厳格なエネルギー規制があって、外部に面するガラスの総面積を50%に制限している。槇の見事な解決は、それを事実上すべてガラス面としながら、そのガラス面は直径約1.9cmのアルミ・パイプのルーバーを3.8cmピッチで水平に設置している。これらの水平の要素によって彼は求められた50%の遮蔽部分をつくり出したのだ。視覚的にこのルーバーは日本の簾を想起させる。このアルミニウムは精巧に細工され組み合わされていて、日本の伝統的な障子がもつ静謐さをみせる。またそれは覗いてみたい衝動に駆られるほど謎めいてもいる。その他の窓面では直径約1.6mmのセラミックフリットの網点が「点描画法」のように内部を透かしてみせるスクリーンによって要求された省エネ性能を達成している。銀色のアルミニウムはケンブリッジの長い冬の間はくすんでみえるかもしれない。当初、私ははたして槇のアルミニウムが、よい天気の日のニュー・イングランドの卓越した光をどのように気高いものにしてくれるだろうかといぶかしんだものだ。ヘンリー・ホブソン・リチャードソンがハーバードのセバー・ホールで用いた赤煉瓦は、彼がコプリー広場のトリニティ教会で用いたピンクのミルフォード花崗岩と同様に、それを成し遂げているのだ。古いケンブリッジのバプティスト教会のグレイの石が夕焼けの色に染まって浮かび上がる。名高い白一色のニュー・イングランドの教会と尖塔がその周囲の色彩を織り交ぜて清浄なる天へ向かい突き出す。だが、槇がここでみせてくれたのは、彼が別の場所でも成功を収めた金属質の銀色であり、それがここでも功を奏しているのである。彼の自前の銀色は決して抑圧的とはならない。その色合いは快活であり、ケンブリッジの穏やかな光をたしかにとらえ、反映させている。ガラス面に被せた様々な装置は―ルーバーからパネルにつけたフリットに至るまで―楽しげに濃度の異なる陰影や透明、そして半透明をつくり出し、ともすれば巨大になりがちな量塊や容積を解消している。

新メディア研究所の美しさのひとつは―その外見上にみられる二律背反である。それは大きくても軽やかだ。工業的だが大きさは人間の要求に合わせている。素材感を打ち消しているが誇らしげに材料と継ぎ目をみせている。静まり返っているが躍動感がある。その建築は、ローマのバサルティーナ・タイルを貼った高さ5ft(約1.5m)の基壇部!それに紛れもないピアノ・ノビレや(モダニストが身震いする)頂部!といった古典的要素を用いながら、全くのモダン建築なのである。頂部のコーナー部分は傾斜した屋根の下にあって、遠方からの印象的な側面をみせる。この外観には斜めの線が必要だったことに気がつくだろう。

内部では魔術の真髄を体験することになる。エントランスと1階の展示スペースからは光に満ちあふれた4層分のアトリウムが立ち上がる。内部に施されたディテールや技巧は外観のものと同じく精巧を極めている。ひとつひとつのディテールが考えつくされ、線の1本1本があるべきところに納まっている。そしてどの空間も、それが目立たないところであっても、ひとつの階段に至るまでが美しくデザインされているのだ。このディテールの扱いや工芸技術はアメリカのどこにもみることができない高水準のものだ。こうしたことが大いにその魅力を増しているのである。

撮影:筆者(すべて)

壁面は白く、大量の自然光が当たる。そこにはふたつのガラスのエレベーターが、内側とその下部を照らされ、ピストンや、あるいは鼓動のように昇降する。このアトリウムは都市広場として機能し、上下の街路の刺激的な透明性によって各階でMITのキャンパスに連結されている。

槇は現代的な階段の達人であり、彼はこの1階のアトリウムでその偉大な実例をみせてくれたのだ。ひと組の開放された階段が横に大胆な斜めの赤い壁をつけ、マン・レイの空中の赤い唇の画像のように頭上に浮かび上がり、人々の上昇を促す。階段を2層分上がり、第2のアトリウムに至る。そこはすべての現代建築の中で最も刺激に満ちた空間のひとつだ。槇は重力に逆らうような平面と線と点の構成をつくり出した。あちこちに偏在する白い壁とガラス板が光をあらゆる方向にダイナミックに反射させ、空間内を変化させる。このアトリウムのほぼどの位置に立ったとしても、同時に二方、三方、四方に——上と下に、斜めに、またまっすぐに、反射し、あるいはアトリウムを通り抜けて、ガラス窓の外にまで様々な奥行き感と透明感をみることになる。こうした、ほかではみられないほど多様な視界に人は目がくらむ思いとともに、幸運を感じ、感動を覚える。

槇は2層分吹抜けのラボ7つをこの上階のアトリウムの周囲に雁行させ配置した。2層吹抜けのラボは広さが5000〜8900平方ft（約460〜830㎡）まであり、相互の間はアトリウムを横切る1フロアを隔てて分離されている。この2層吹抜けのラボを横切る通路の途中まで上った位置に立つと、これらラボを斜め上か下にみることになる。これらの2層吹抜けの空間はグループ研究のためのもので、白い金属性の螺旋階段を上って中2階のガラス張りのプライベート・オフィスに入る。それぞれのラボは建物内の位置や敷地内の方向性などの空間的特徴を備える。槇は初期のモダニストの「ラウムプラン」を透明性と雁行する空間配置と眺望を用いたこの時代の代表作によって更新したのだ。

このアトリウムは、ほかのものと同じく都市広場となる。ラボは広場のまわりの家々のようにアトリウムを囲んでいるが、ラボの中で行われていることはどこからでもみえる。広く開放的な床面は人々の交流を促す。部屋から部屋へ移動するとき、研究員たちはまっすぐに動くことはめったにない。それは思考をめぐらし、思いがけない出会いと、数多くの人との結びつきを育むのである。すべての研究室スペースは開放的で見通しがよいため、誰でも中を覗き込むことができる。したがって同僚の研究員が興味をもち、質問を投げかけ、そこで新しい、意外なアイディアが生まれることもある。ここでのプロジェクトは常に前触れもなく変化するため、槇はそうした変化にも対応できるように柔軟性と適応力の高い空間を用意したのだ。この建物は限られたいくつかの個人事務室を除き、そのほかは共有空間である。

2層吹抜けのラボはI.M.ペイの建物をそのまま受け継いでいて、そこには「キューブ」とよばれる劇場を研究室に転用したブラック・ボックスがあった。この非常に愛用された空間は大きな2層吹抜け空間をつくり、増設された中2階にある事務室とともに研究グループによって共有された。そこで槇はこの「キューブ」をこの建物の中で研究室空間のプロトタイプとした。こうしてつくられたメディアラボはうまく機能し、各プロジェクトは1人のマスターに数人のアシスタントがついて進められる。マスターの事務室はラボの上にあり、まるで彼が船長であるかのように、優雅な白い螺旋階段で出入りする。

アトリウムの上部では2本の大胆な色のライン——黄と青の——が周囲のラボを空間的につないでいる。このふたつの階段は、その下の赤い階段とともに子供の玩具のような鮮やかな原色を思わせるが、同じ色使いをI.M.ペイも彼のメディアラボで取り入れていた。

槇の言葉によると、ここにあるのはピート・モンドリアンの——白地をいくつかの大胆な色で区画した——絵画「黄、青、赤のコンポジション」に基づく建築的なソロ・フレーズなのだ。カラフルな階段は微妙な光の変化によってその面を飛び出させ、また後退させてみせ、より活性化した息吹を空間に吹き込む。そしてこの鮮やかな斜線は空間を斜めに横切る視線を強調する。

それぞれの階段の側桁の中央につくられた膨らみ部分は、法規に求められた踊り場を見込んでいる。外見上、この膨らみ部分は階段に感じる緊張感と圧迫感を増大させる。それは建物を結合させようとしているのか、あるいはその周囲のボリュームの一体感を誇示するのか。ここではあらゆる可能性によって人間の視覚と想像力が覚醒される。このアトリウムのあまりの精巧さと、そこから得る満ち足りた気分と高揚感の大きさのため、そこを去って我に返り平常の気分に戻るまで少々時間がかかるほどだ。

そしてすぐにも槇の至福の気分に戻っていきたくなる。MITは槇が1980年に東京の明治神宮外苑に設計したテピアというランドマークで探求したものをさらに進めている。そこでもやはり反重力の構成によってモンドリアンやデ・スティルを称えている。テピアにおいて槇は仕上げを施したアルミニウム、ステンレス、ガラスを、荘厳な透明性、半透明性、現象学的な効果をつくる新しい方法へと展開させたのである。

ケンブリッジの建物にはもうひとつ訪問すべき「都市広場」がある。それは建物の最上部の6階に載せられている。そこではカフェ、講堂、集会・催事スペース、会議室、トップライトのある「ウィンターガーデン」、そしてチャールズ川やボストンのスカイラインの目のくらむようなパノラマを望む戸外の屋上テラスといったMITという共同体すべての公共空間が公式・非公式に人々の交流を促進する。都市のこうした、またそのほかの素晴らしい眺めはその下のラボの仕事が現実と切り離された思考ではないことに気づかせる。それは市民の日常の生活に結びついているのだ。

そして槇文彦にとっては、その優しさと優雅さと思慮深さは彼の建物で一目瞭然だが、こうした素晴らしい眺めを享受する個人的な理由があるのだ。彼の生涯の目的を決定づけてくれたケンブリッジに対する厚意のほかに、彼がハーバード大学GSDの学生だった1953年のある特別な1日を忘れることはないのだ。彼は現在のメディアラボが建つこの場所からさほど遠くない位置にあった、当時は新しかったMITの建物の屋上パーティへいき、その素晴らしい川と都市の眺望を心にとどめたのだという。それからわずか60年ほど後に、彼がケンブリッジのために自分でデザインした建物とともにあの眺望を眺める機会を得て、また人にも同じ眺めを楽しませることができたのである。

かの地では、すべてが秩序と美、豪奢、静謐、そして官能　シャルル・ボードレール著『旅への誘い』より

槇は"Nurturing Dreams"（MIT Press、2008年）という彼の最近の小論集の冒頭近く、1928年に生まれ、幼い少年の頃、「横浜港に入港する外国船をみに」両親に連れられて行ったことを回想している。彼は綴っている。「私のすぐ眼の前にあったのは、デ・スティルのコンポジションにおける線や平面のように漂う、これらのデッキの重なりと垂直のマストや煙突だったのだろう——磨き込まれたウッドデッキ、スチールの手摺り——白くペイントされた表面——こうしたエレメントひとつひとつがその力強い素材感を打ち出していた。その船はいかなる建築よりも遥かに力強くモダニズムを宣言した巨大な機械だったのだ」。チャールズ川からさほど離れていないところに停泊するこのメディアラボをみよ。今、あの船がみえる。そう、建築となって、いつでも新しいアイディアを求め、すべてを乗せ、子供のように私たちが今も夢みている場所へ連れていってくれるのだ。槇の船が航行する先が何処であろうと私はついていきたい。

建築と都市　a+u2012年7月臨時増刊『空間の力 槇文彦の近作 2007〜2015』より転載

4階平面図 　　　　　　　　　　5階平面図 　　　　　　　　　　6階平面図

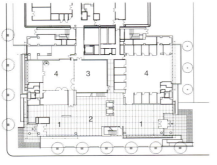

1階平面図 　　　　　　　　　　2階平面図 　　　　　　　　　　3階平面図

1　エントランスロビー　　　7　アッパーアトリウム
2　ロウワーアトリウム　　　8　カフェ
3　機械製作室　　　　　　　9　ウィンターガーデン
4　研究室　　　　　　　　 10　大会議室
5　事務室　　　　　　　　 11　イベントスペース
6　会議室　　　　　　　　 12　講堂
　　　　　　　　　　　　　 13　テラス

S=1/1500

2層吹抜けの研究室はフレキシブルな研究スペースを提供し、
アトリウム越しにつながる多様な視線の構造が交流と創造性を誘発する。

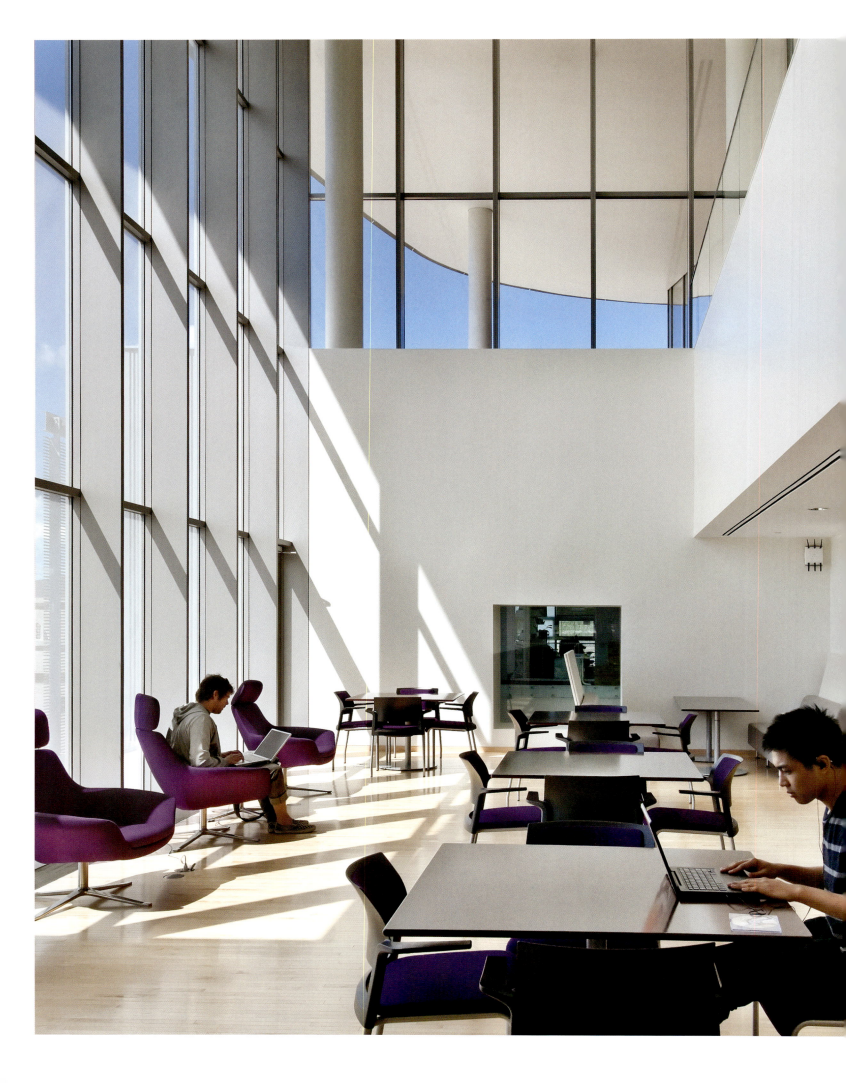

チャールズ川越しにボストンへの眺望が開かれたテラスは、イベント時の交流の場ともなる。

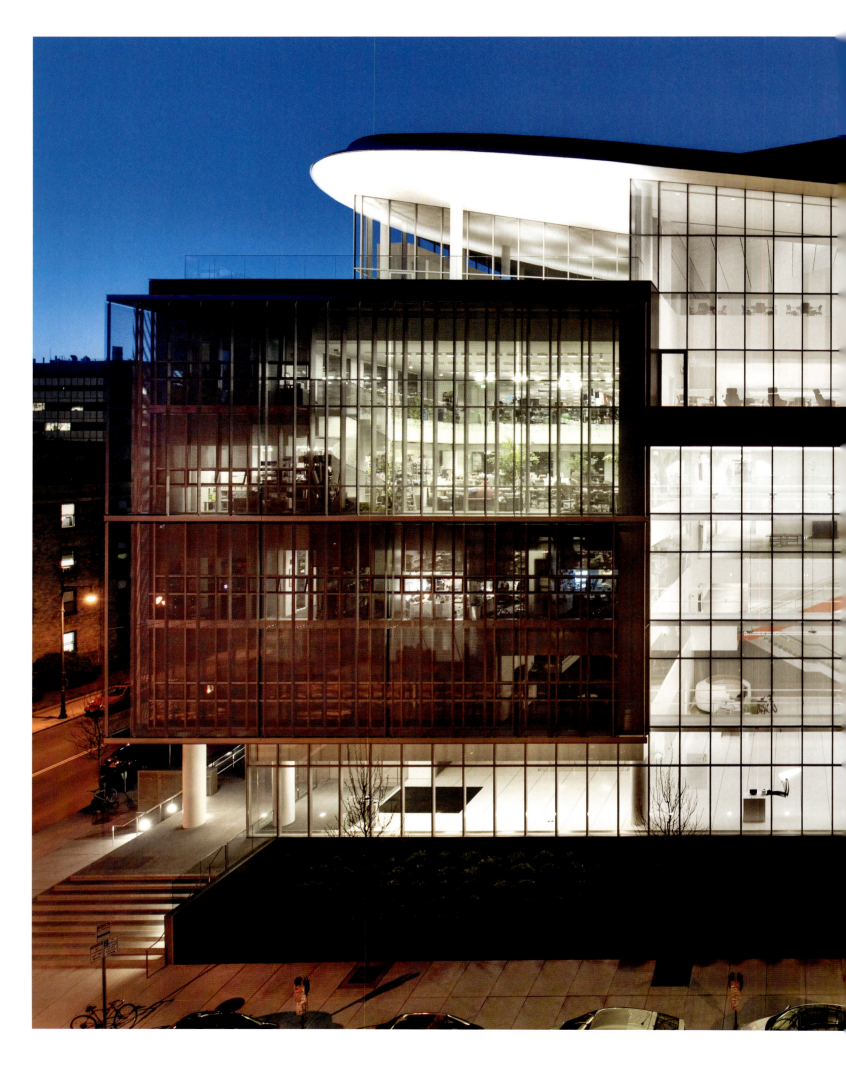

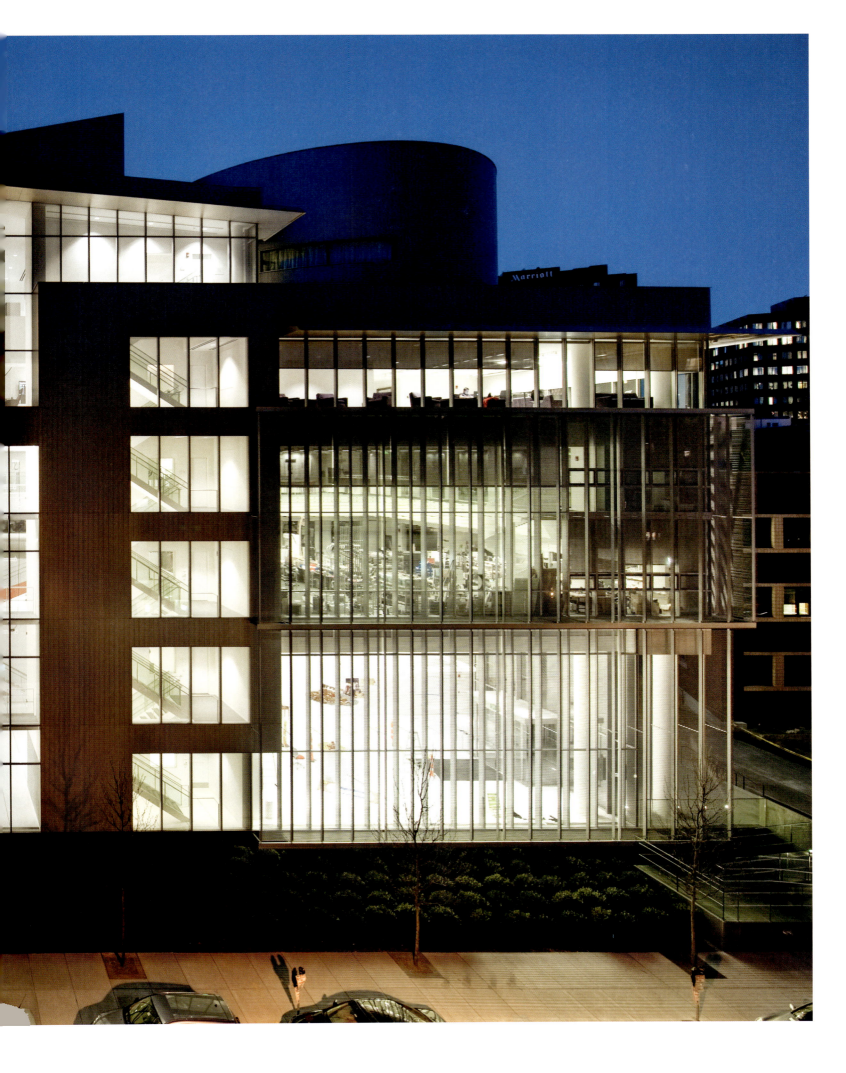

University of Pennsylvania Annenberg Public Policy Center | 2009
ペンシルバニア大学 アネンバーグ・パブリック ポリシーセンター

ペンシルバニア大学のアネンバーグ・パブリックポリシーセンター（APPC）は1994年に創立され、これまでに報道の内容や公共政策、そして情報に関する広範な研究を行ってきた。新たな施設には、研究スペースと会議室を中心にアゴラとよばれる多目的ホール、放送スタジオ、プレゼンテーション室などが納められ、研究活動のさらなる充実を図るとともに、大学の様々な行事にも活用されている。敷地はキャンパスのほぼ中央部にあり、勾配屋根の古い煉瓦造やライムストーン仕上げの建物など、時代の変遷を感じさせる建築群に隣接している。アイビーリーグの長い歴史をもつこのようなコンテクストを考慮し、新しいセンターは軒の高さを既存の建築と合わせ、現代的で透明感をもちながら周囲の素材感とも調和する暖かい色調の外装がふさわしいと考えた。

建物の質感と表情をつくるのが全周を覆うダブルスキンの表層である。ガラス・カーテンウォールの内側には、木製のインナーサッシが装備され、木のパネル戸が立面上に不規則に配列される。その結果、木質系のパネルに覆われた空間は静かな研究にふさわしいアンビエンスを提供している。パネルは横引き戸であり、部屋の利用状況や気候に応じて開閉され、結果として時間や季節によって様々に変化するエレベーションが出現する。1階のアゴラは、中規模イベントや発表会、レクチャーなどの大学内の様々な用途に応じた空間を備えている。3層にわたるアトリウム空間は、1階のアゴラから4階のラウンジまでをつなぎ、隣接するオープンオフィスとともに、空間に連続性と可変性を生み出している。その上を覆う金属とガラスの多面体の屋根は、シンボリックな姿をつくり出すと同時に、豊かな自然光によって内部空間に変化を与えている。そしてアトリウムまわりの研究スペースはパーティションによって軽く仕切られ、階をまたいで連携しながら相互に研究活動の様子が感じられる構成となっている。この空間体験が、異なる研究分野の間での交流を促すことを期待している。

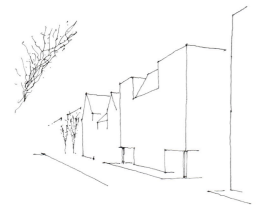

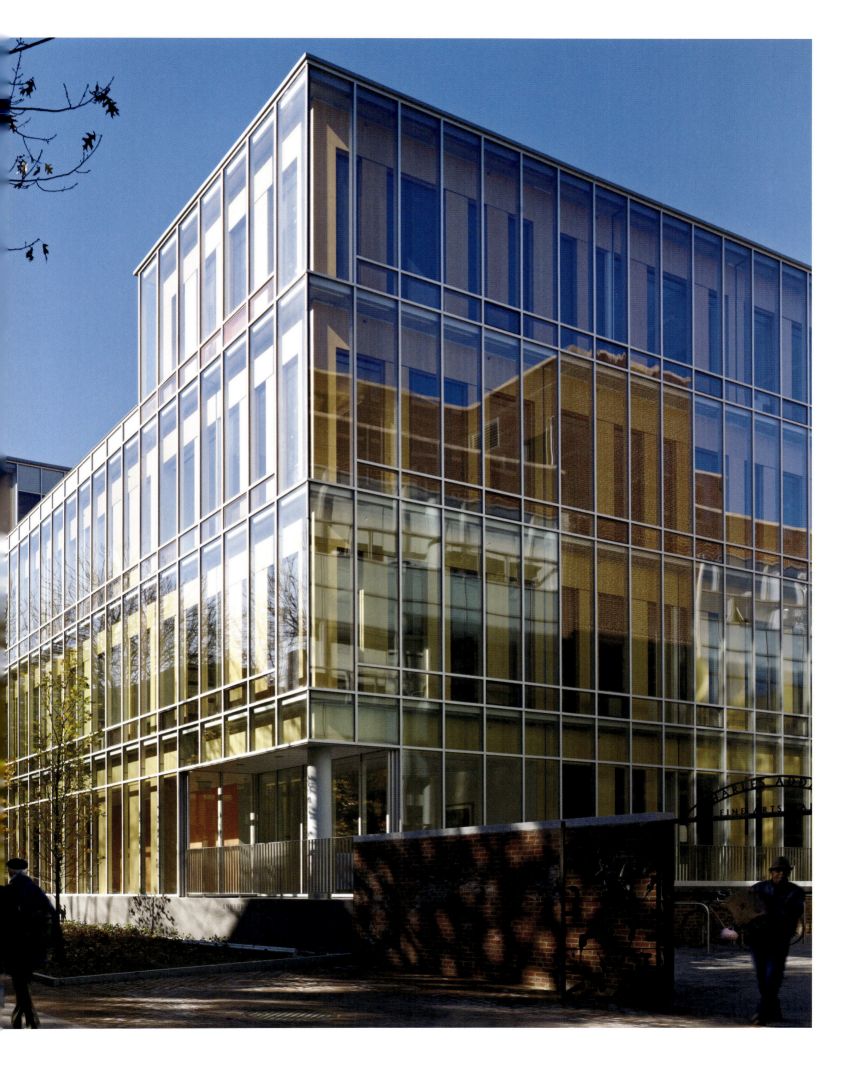

ガラスと木の組合せによる素材感と
アトリウムを覆う金属屋根の形態が、周囲と調和しながら
新たなキャンパスの景観をつくり出している。

111

2階平面図

1階平面図

4階平面図

3階平面図

1 ロビー
2 アゴラ
3 研究室
4 事務室
5 会議室
6 アトリウム
7 報道スタジオ
8 ラウンジ
9 ビデオアーカイブ
10 テラス
11 ルーフガーデン

S=1/800

115

Rolex Toyocho Building | 2009
ロレックス 東陽町ビル

東陽公園に面した永代通り沿いに、世界的な時計メーカーであるロレックス社のテクニカルサービスセンターは立地している。ロレックスが新たな拠点として計画したこの建物には、一般の事務スペースのほかに、時計の修理やオーバーホールのための作業室と、その技術を習得するためのスクールが納められている。これらのスペースが基準階に置かれ、その前面をガラスのカーテンウォールが覆っている。
この建物では、骨格つまり構造体とそれを覆う表層の関係がテーマとなっている。コアの構造体と窓まわりの丸柱、センターのコアが背骨とすれば、丸柱はいわば肋骨に相当する。背骨は水平力を担い、建物全体をしっかりと支える。室内では精密作業も行われることから、コアまわりの軸組と床板には通常よりも高い剛性をもたせている。これに対して22対の肋骨は、鋼管の独立柱によって極めて細身につくられている。コアの柱と違い空間のあり方に影響を及ぼす丸柱は、外径200φのシームレス鋼管を用い軸力に応じて肉厚を変えることでガラス皮膜の透明性を疎外しない。
ダブルスキンのガラス・カーテンウォールは、方立てに強化ガラスを使用することで斜め奥行き方向にも透明感と軽さが生まれる。加えて層間変位を各段ごとに分散するユニット式のサッシと、ガスケットグレイジングの併用により実現したスレンダーなフレームが皮膜自体を軽やかにみせている。

空調では天井のアルミパンチング孔から低速で吹き出された風がエアフローウィンドウを循環し、穏やかな気流によって時計の修理に不可欠な作業環境を創出している。こうしたデザインは、工業部材が本来もっているシャープさと精度をいかに建築として実現するかを求めた結果であり、それがロレックスのもつ精密加工のイメージとオーバーラップしている。空間への様々な要求を新しい技術が支え、それが部位の様相を変容させる。逆に建築表現からの要請が技術の可能性を押し広げる。その絶えざるフィードバックによって、これからも皮膜と骨格は進化していくに違いない。

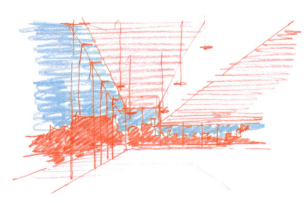

近年、ガラスの性能特性や表面処理の幅が広がり、単に透明な開口部としてよりも、表層に細やかな表情を与える皮膜として、ガラスは新たな可能性を開いている。ロレックスビルのダブルスキンには部分的に乳白のパターンブラストが施され、光を拡散させて外からの視線に対して霞がかかったような像を結ばせる。この半透膜のガラス面は内外で位置をずらして設置されており、みる角度によってふたつの層の重なりがより複雑な表情をつくりあげている。二重皮膜はまた、室内環境を制御する空間フィルターでもある。外光を調節し、外部騒音をさえぎり、透明なリタンダクトとしてエアを回収する。

皮膜のモジュールはシステムパーティションやアルミ天井のユニット、丸柱や設備機器などの部位と同調しており、空間に細やかなスケールと一定のリズムを生み出す。そしてこうしたモジュール化、システム化は将来の変更に柔軟に対応するために欠かせない要件になっている。

7階平面図

6階平面図

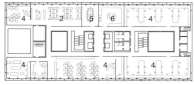
2階平面図

1階平面図

1	エントランスホール	9	講義室
2	事務室	10	教習室
3	更衣室	11	カフェテリア
4	作業室	12	ウインターガーデン
5	会議室	13	テラス
6	工作室	14	ホワイエ
7	研修室	15	視聴覚ホール
8	図書室		

N
S=1/1200

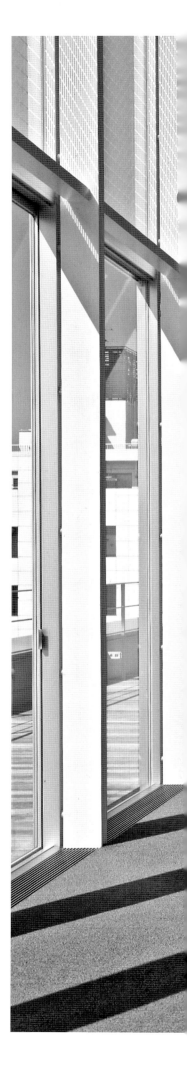

Rolex Nakatsu Building | 2009
ロレックス 中津ビル

大阪に完成したロレックス中津ビルは、東京のロレックス東陽町ビルと同様に時計に関するテクニカルサービスのための施設であり、その西の拠点として計画された。時計のメンテナンスや修理は極度の集中を必要とする作業であり、それゆえに一定のインターバルで休養し、リラックスする時間が要求される。そしてこうした業務の様態に対応し、集中と開放のための相反した空間を用意している。精密作業のスペースが基準階である胴部となり、一方、カフェやギャラリーが6、7階の頂部となる。エントランスの基部を含めたこのような3層構成は「東陽町」と相同であるが、その姿の違いは周囲の状況、すなわち場所のコンテクストに起因する。

頂部では曲面状の屋根により、小ぶりながら周囲の建物に埋没することなく存在感を示す。この7階の開放的なカフェで、人は凝視から眺望へと視線を転換させる。一方、胴部の作業空間は精密作業ゆえにグレアの少ない高い照度が必要である。しかし、三方を囲む周囲の建物と前面に走る高架の新御堂筋を考慮すると、作業に集中するためには視線をある程度制御したい。そのための表層が白いセラミックプリントと透明ガラスのカーテンウォールであり、十分な天空光を取り込みながら視界を限定する。白い帯に穿たれた丸穴は風景をつなぎ、内部での閉塞感を緩和すると同時に、ファサードに表情や動きをもたらす。そしてストライプの構成を階および面によって変えており、室内からの視線の抜け方、したがってまわりに展開する風景の見え方も場所により変わってくる。
視線制御のストライプは基準寸法を一定の法則で拡張し、混合並列してつくられている。このような寸法の操作はサッシ割りに限らず様々な部位でも試みており、級数関係にある尺度のセットが建築全体のスケールに階層性を与える。飛び飛びの寸法は、組み合わされて次の尺度を生み、建築の各部に多様なスケールを表出させる。ユニットスケールの単調な繰り返しではなく、偏りなくあらわれるスケールの階梯、それが建築の豊かさにつながるひとつの尺度ではないかと考えている。

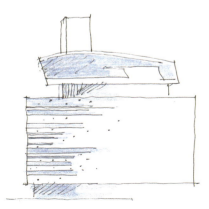

4階平面図

7階平面図

1階平面図

6階平面図

1　エントランスホール
2　作業室
3　テラス
4　ラウンジ
5　ホワイエ
6　レクチャールーム
7　カフェテリア

S=1/800

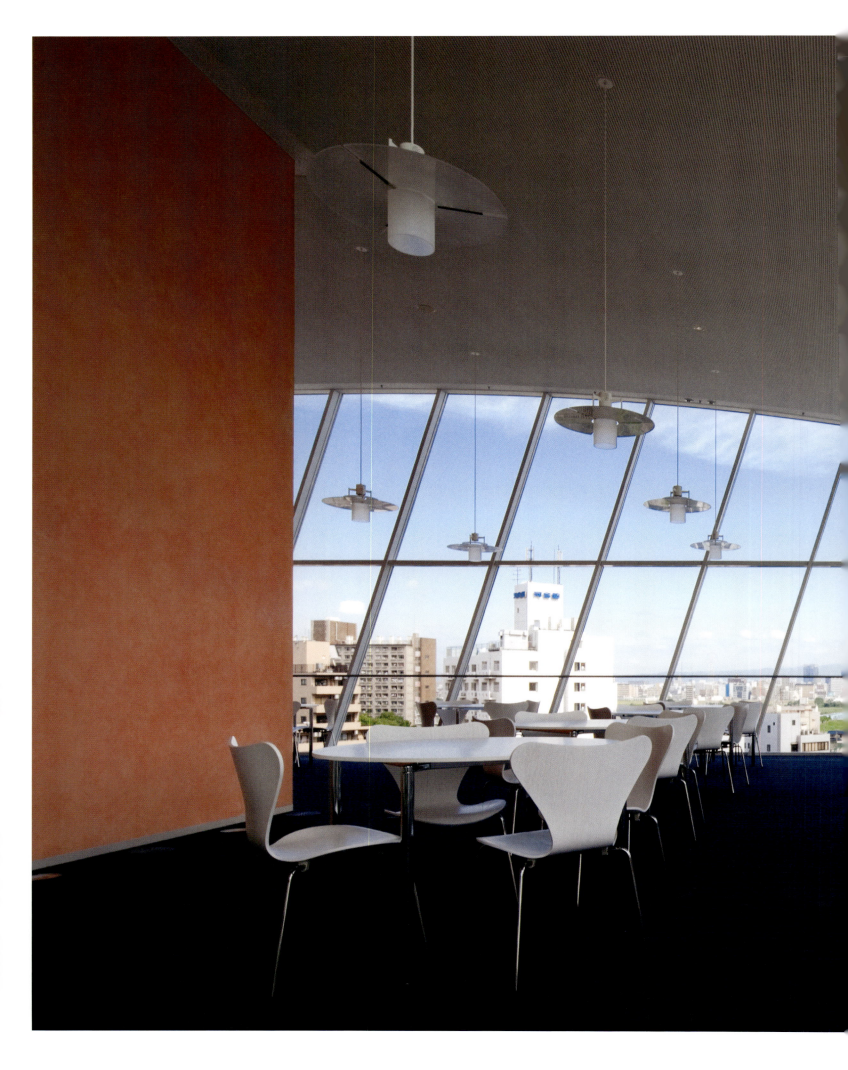

Jewish Community of Japan｜2009
日本ユダヤ教団

日本ユダヤ教団は50年以上の歴史をもつ、日本におけるユダヤ教のコミュニティ・センターであり、コミュニティ・メンバーの出身国は、12カ国以上に及ぶ。1953年、現在の場所に住居とプールを購入し、1979年には増築部が完成した。それから30年が経ち、構造・設備の老朽化、身障者対応、セキュリティなどが問題となっていたところ、2006年に匿名の寄付によって、建て直しの計画が始まった。

敷地は北側が前面道路で接道間口は約20m、奥行きは約50mの細長い形状である。地盤面は道路より2m以上高く、既存の建物は道路面にエントランスロビーがあり、外の光が極めて少なかった。そこで、「光あふれる明るい室内としたい」という施主の強い要望が、この計画の大きなテーマになった。道路レベルには、通用口と身障者対応の入口のみを設け、メインアプローチは建物の外周をめぐって1階の明るいエントランスロビーに至るようにした。外部階段やそれを受け止めるコンクリートの庇、開放感のある外廊下などがファサードを特徴づけることとなった。外装の主要な部分は杉板本実型枠の打放し仕上げとし、北と南のファサードは大判タイルでパターンを構成している。南側の庭はすべて木製でシンプルに構成したガーデンテラスとなっている。

建物のプログラムとして地下には駐車場と洗礼室、1階には200人を収容する多目的室とそれに隣接する厨房、南側のガーデンテラスに面するラウンジが設けられている。2階には86席の固定席をもったこの建物の中心的存在のシナゴーグと、日曜学校のための教室や図書室などがあり、ラビ（宗教指導者）の住居もある。

高さ制限の中で、天井高を可能な限り高くとるため多目的室を北側に、シナゴーグを南側にずらして配置し、その間に吹抜け空間をもった光あふれるエントランスロビーを配置した。2階の床レベルは北側と南側で600mmのレベル差ができ、そこにスロープや階段を配置することによって空間に変化を与えている。

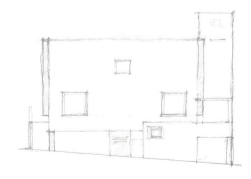

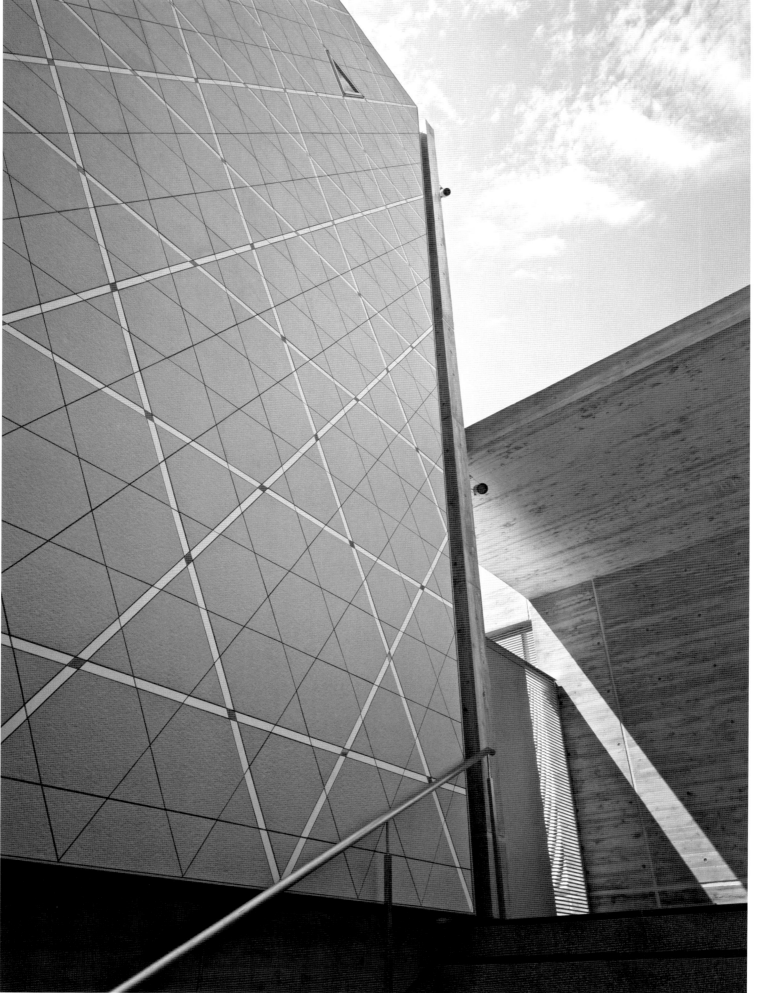

講壇上部のスカイライトと南側の地窓からのやわらかな光がシナゴーグを満たす。

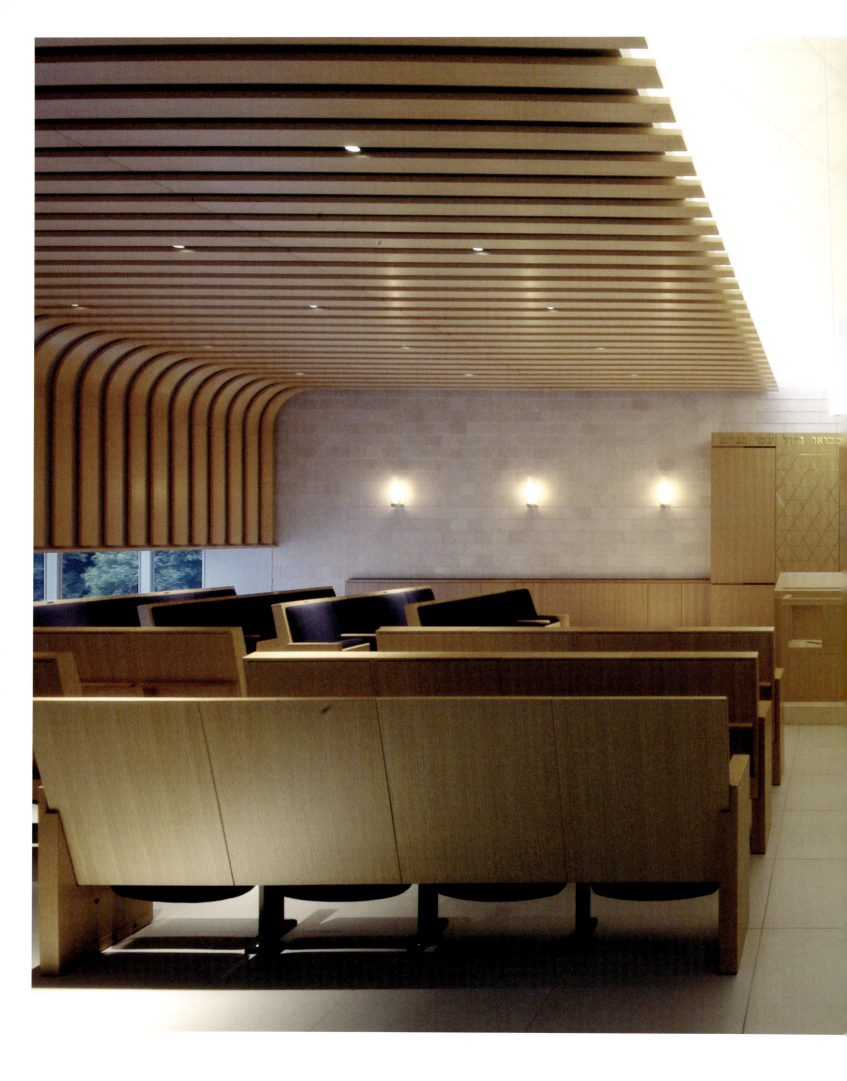

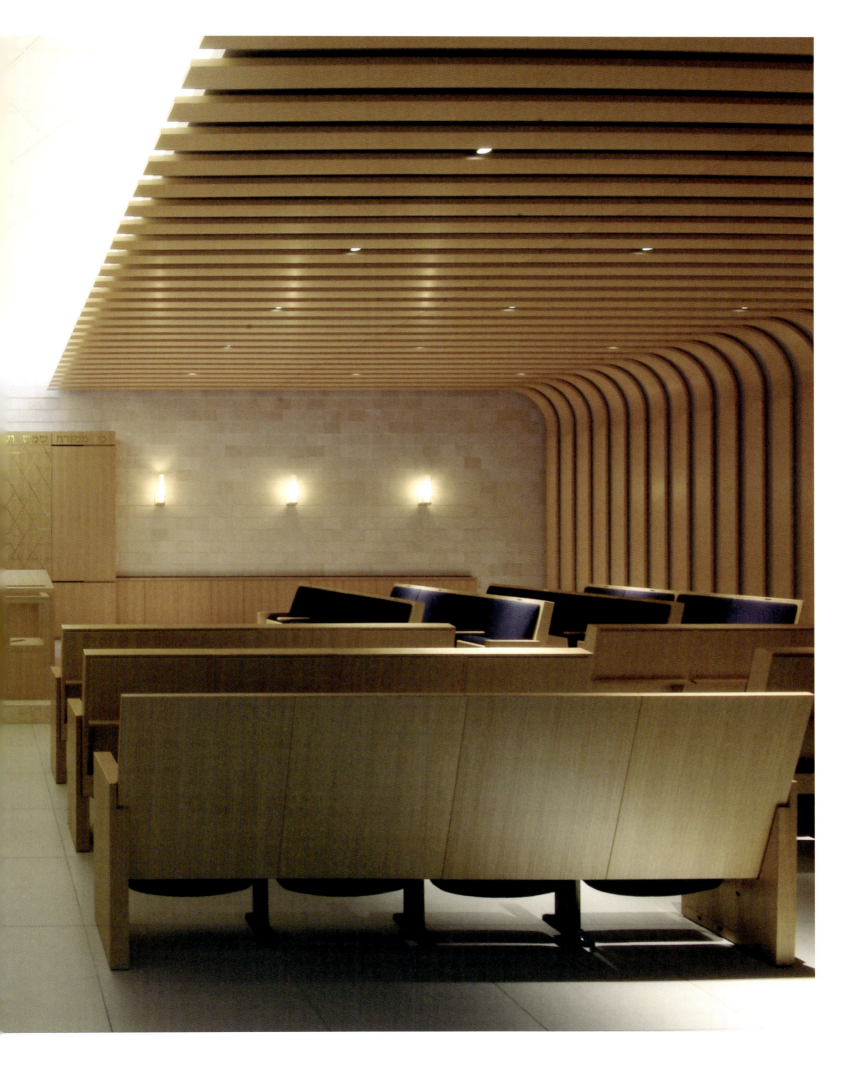

Tsudajuku University Sendagaya Campus
Alice Mabel Bacon Hall｜2017
津田塾大学千駄ヶ谷キャンパス アリス・メイベル・ベーコン記念館

敷地はJR千駄ヶ谷駅の正面にあり、1988年に我々が設計を行った津田ホールが建つ。この施設は津田塾大学の都心部における新キャンパス整備計画の嚆矢となる、新たに創設された総合政策学部のための校舎である。

都心には稀有な千駄ヶ谷駅前の文教的景観に配慮し、駅側の3層のボリュームと南側の5層のボリュームで構成し、既存の津田ホールと調和したヒューマンスケールの穏やかなキャンパスをつくり出すことを意図した。サクラの古木などの既存樹木を生かした奥行き9mから4mの厚みのある緑地帯が歩道に沿って整備され、緑豊かな街路沿いの風景が展開する。

3階までの低層棟には、学生がよく利用する講義室群と図書館、カフェテリア、ラーニングコモンズなどの共用スペースを集約して設けている。これらの空間はまちからのつながりを意識して開放性をもたせ、日々の生活の中で学生間のコミュニケーションをより活発なものにする。4、5階には教員研究室、講師室、セミナー室などが配され、低層棟と比較して少し落ち着きのある研究者フロアを形成している。各階でずれた位置に2層吹抜けのラウンジを設け、パブリックスペースの核としている。各階に点在するこれらのラウンジ空間はラーニングコモンズとともに、建物全体を空間的に統合するものであり、学生間、あるいは学生と教員間の豊かなコミュニケーションを誘発する装置でもある。

津田ホールとの間のキャンパスプラザ、低層棟の中庭、西側の車回しなどの、小さな屋外オープンスペースが連なり、建物群がそれらを囲むような構成としている。低層棟上部の屋上庭園は学生や教員が集うスペースであり、そこからは北に広がる新宿御苑を一望することができる。
空間の重層性や奥行き感、そして様々な視覚的関係性を生み出すこれらの屋内外のオープンスペース群によってキャンパスを統合し、さらに将来の第2期計画へと伸展していく構想である。

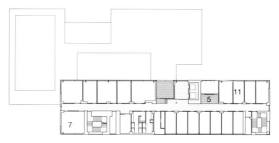

5階平面図

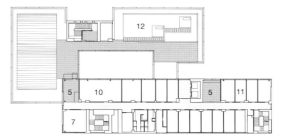

4階平面図

3階平面図

2階平面図

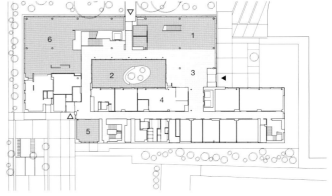

1階平面図

1　ラーニングコモンズ
2　中庭
3　エントランスロビー
4　事務室
5　ラウンジ
6　カフェテリア
7　教室
8　図書館
9　大講義室
10　院生室
11　教員研究室
12　屋上庭園

S=1/1000

PASSIVETOWN Block No.2 | 2016
パッシブタウン第二期街区

2015年の北陸新幹線開業を機に、YKKグループは黒部拠点の再編を進めており、このパッシブタウンでは、自然エネルギーを最大限に生かした集合住宅の計画によって、黒部市における次世代のまちづくりをめざしている。

立山連峰を背に富山湾に面する黒部は、冬季は天気が悪く冷え込むが、積雪は多くない。また夏季は日中、暑くなるが、夜間は「あいの風」という涼しい風が吹く。ゆったりとした敷地のまわりには田園風景が広がっている。その恵まれた自然環境を生かすため、雑木林の中に4階建の住棟を6棟、分棟配置し、中央のコモンスペースにあずま屋を設けた。住棟は各階2戸で、室内はテラスを中心に配置され、3面外部につながる独立住戸のような居住性をもっている。このテラスは光や風をコントロールする自然との緩衝帯となっている。

自然エネルギーを有効に活用していくうえで、建築の断熱性能が重要となる。高断熱を実現しようとするとどうしても開口部が小さくなるが、今回は高い断熱性能をもつ樹脂窓を採用したことで、開放性のある大きな窓やバルコニーを実現できた。樹脂窓を連窓にして、「あいの風」を取り入れる通気用の窓もデザインした。また、構造的にはキャンティレバーである外に開かれたテラスやバルコニーからのヒートブリッジの対策として、耐

荷重性をもちつつ熱は遮断する構造部材を採用した。

隣接する第1期、第3期街区と通りに面したモールでつなげることで、まち並みとしての表情を形成している。また地下に駐車場を設けることによって、地上部には子供たちが来て遊べる緑豊かな原っぱができている。この中庭の緑のガーデン、コモンスペースは、まわりの地域にも開かれヒューマンなつながりの場となる。人口が減少し高齢化が進展する中で、このパッシブタウンが地域コミュニティと環境を重視した集合住宅のモデルとなることを期待している。

全体配置図　S=1/1500

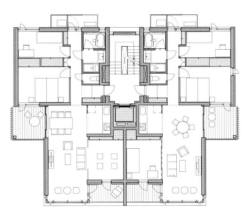

ユニット平面図　S=1/300

The Japanese Sword Museum | 2017
刀剣博物館

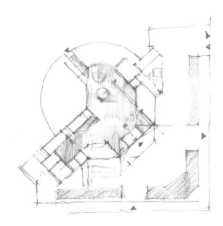

両国の地に移転、開館した刀剣博物館は大名庭園の一角に建つことから、その立地を生かし庭園散策に利用され、地域の展示施設や名所旧跡と連携する庭園博物館として計画された。池泉回遊式の庭は隅田川の水を引き込んだ潮入り庭園であり、元禄年間に常陸笠間藩の本庄氏により築造されたと伝えられる。明治期に安田財閥の安田善次郎邸に引き継がれ、その後東京市に寄贈されて旧安田庭園の名称がつけられた。そして現在は墨田区が管理する東京都の名勝庭園に指定されている。この場所にはかつて旧両国公会堂が建っており、丸い平面にドームが載せられた特徴的な外観から、永く人々に親しまれてきた。そうした記憶を継承し、池に張り出した丸い平面に両翼部をもち、曲面屋根を戴くという共通した佇まいをもたせている。

敷地の周辺は墨田区の「両国観光まちづくり」により、まち歩きを中心とした地域展開のエリアと位置付けられている。こうしたグランドデザインに呼応し、庭園との間に設けた連絡門によって、相互利用を促進する計画である。そしてアクセスのよい1階にはカフェ、地域の情報も紹介する情報コーナー、ミュージアムショップ、多目的に使われるレクチャーホールなど、まち歩きや庭園散策の合間に気軽に立ち寄り、利用できるパブリックなスペースが置かれている。このように、庭園散策の休憩所やまち歩きの拠点としても使われる庭園のパビリオンのような設えである。また、2階には博物館の運営および日本刀の審査や展示の企画を行う管理と学芸の諸室、そして3階には日本刀の展示室と屋上庭園を配置するという構成である。

頂部に架けられた変形ヴォールトの屋根はそのまま展示空間の形態となり、鑑賞者をやわらかく包み込む。天蓋に覆われたような空間のもとで、刀を鑑賞するのに最適な光の環境がモックアップを使った検討により実現された。硬質でシャープな刀剣のイメージに対比して、曲面壁、丸形間接照明、布照明など、展示室以外でも丸みのあるやわらかいデザインを試みている。そして大名屋敷の回遊式庭園とともに、美術工芸品としての日本刀や刀装具の紹介を通して、日本古来の武家文化を広く発信していくことをめざしている。

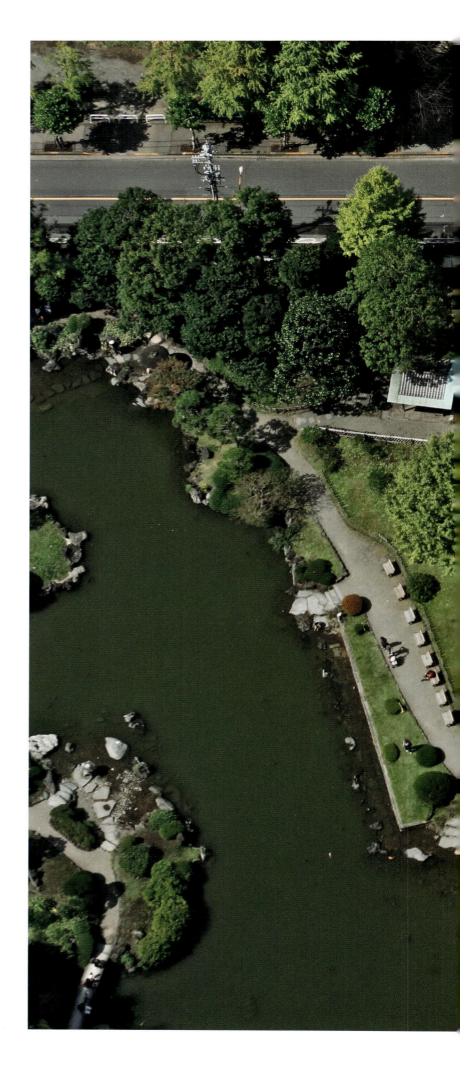

庭園からみた旧両国公会堂

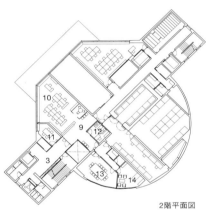

2階平面図

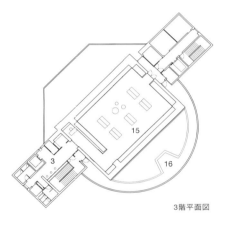

3階平面図

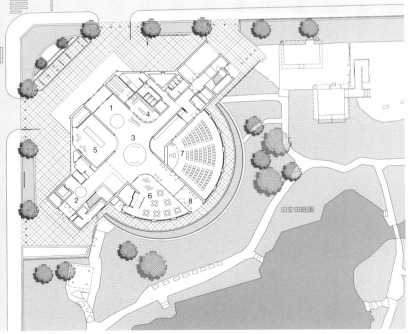

1 エントランス
2 サブエントランス
3 ロビー
4 ミュージアムショップ
5 情報コーナー
6 カフェ
7 講堂
8 テラス
9 受付ロビー
10 事務室
11 閲覧室
12 理事室
13 会議室
14 会長室
15 展示室
16 屋上庭園

1階平面図

S=1/800

Haus der Hoffnung | 2012
希望の家 名取市文化会館多目的ホール

2011年3月11日、東日本大震災の地震発生の1時間後、津波が閖上港を襲い、文化会館（当社設計1997年竣工）の近くまで浸水してきた。夜には文化会館の自家発電による明かりを頼りに1300人余の方が避難して来たということだ。その後4月に文化会館で避難生活をされていた400人ほどの方が、仮設住宅や自宅に移られた後、6月に文化会館大ホールで犠牲者の方々の慰霊祭が行われた。
希望の家は震災直後に、ドイツのラインハルト・アンド・ソンヤ・エルンスト財団から被災地への支援の相談があり、子供やお年寄のためのコミュニティ施設を名取市に寄贈することになったものである。1000戸余の仮設住宅地の中央に位置する文化会館の南庭を敷地として、我々はその設計をボランティアで引き受けた。2012年11月の秋祭りの日、名取市に寄贈され、市民の方々をお迎えすることができた。

希望の家は、小さな小屋群と、その上に架かる円形と三日月型のふたつの大屋根からなる木造平屋の建物である。約4m角の平面をもつ小屋には相談室や遊戯コーナー、畳コーナー、湯沸し室などの機能が納められている。ふたつの大屋根のうち、円形の屋根の下は内部化され、多目的室として集会やコンサート、演劇などの活動に利用されており、隣接する遊戯コーナーなどと一体的に使用することもできる。一方、三日月型の

屋根の下は外部テラスとなっており、気候のよい季節には緑豊かな庭や文化会館の木デッキのテラスとともに、様々な活動に利用されている。
内部空間と外部空間、開かれた空間と閉じられた空間、大きな空間と小さな空間、静かな空間と賑やかな空間、求心性のある空間と遠心性のある空間、それらがひとつの象徴性をもったかたちにまとめられることにより、子供からお年寄までが世代を越えて集い、永く愛着をもって利用していただけるような「家」となることが意図されている。

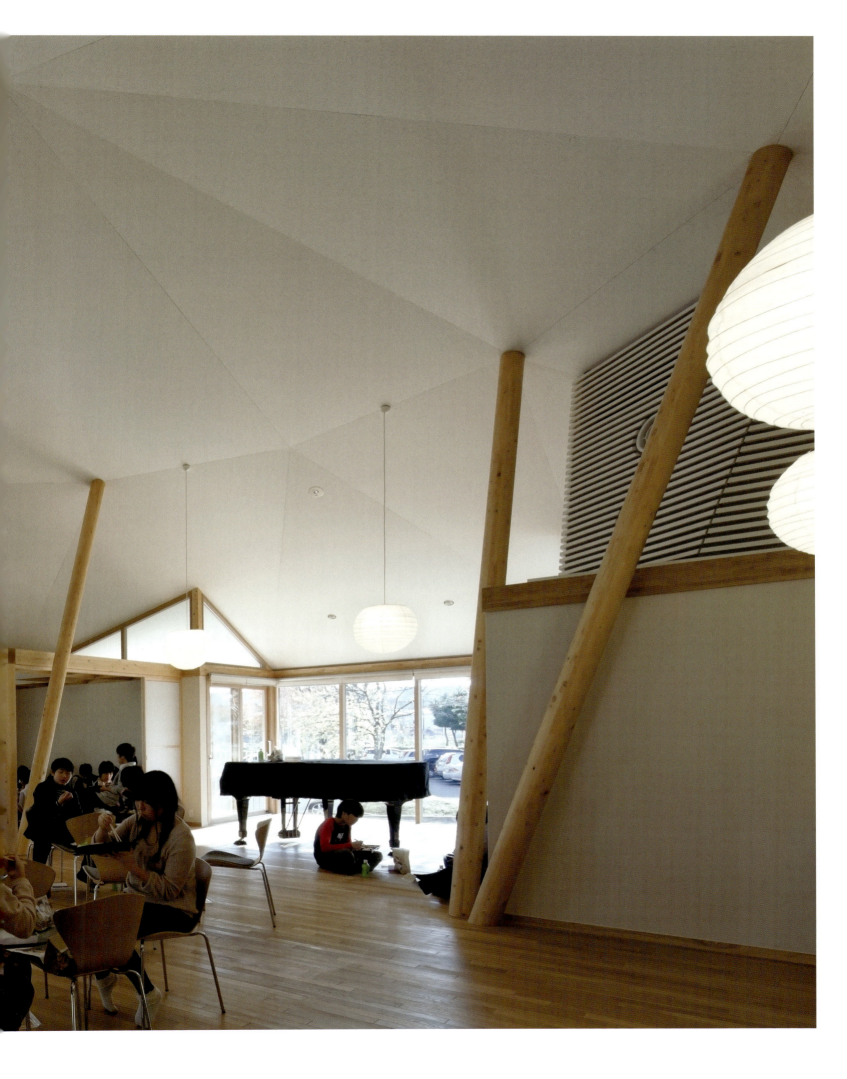

エントランス横の壁画は閑上小学校の1年生が共同で制作した絵をモザイクタイルで再現したもの。
北東側のふたつの壁画はドイツの子供たちによる。

New Machida City Hall | 2012
町田市新庁舎

町田市新庁舎はプロポーザルコンペから6年を経た2012年の6月に竣工を迎え、落成式が晴れやかに執り行われた。式典の後は、総合窓口の待合ロビーを主会場として大勢の市民が参加した様々な催しが繰り広げられた。庁舎の中心的な空間として計画した待合ロビーであるが、このような使い方を想定していたわけではなかった。
近年、多くの市庁舎では、来庁者の手間を極力省くために、手続きなどの大半を総合窓口で一本化するワンストップロビー方式がとられている。市民の利用が多い部署はこのワンストップロビーのまわりに置き、回廊により相互に連携が図られている。同時にワンフロアの面積をかなり大きくとり、利用率が高い窓口をできるだけ低層に納めている。

かつて共同体のシンボルであった市庁舎は、現在は市民サービスのための施設へと舵を切っている。我々はこの市民利用と庁舎の執務スペースとの接触領域が大きくなるよう両者を巴形に配置し、その中央に待合ロビーを設ける提案をした。こうして生まれた高い天井で広がりのあるワンストップロビーは、中央の吹抜けが層をつなぎ、全体が見渡せるオープンな空間であり、庁舎に用事がなくとも市民同士が自由に使えるパブリックな場となっている。それはまさに市民の集まる広間としてのシティホールである。全体では高層部をセットバックさせ、街路に対して2、3層の低層部が面することにより、高さを抑えたヒューマンスケールのまち並みが形成されている。

車両動線と集約し、隣接するホールや広場とともに街区全体で歩行者の街路空間を展開している。また低層部外周のアーケード、スタジオ、カフェなどにより市民利用空間は庁舎内部へと連続する。低層部を段状に覆っている屋上庭園は、西側緑地と一体となって周辺に対する緩衝領域の役割も担う。厚みのある立体的な緑に包まれた新庁舎は、緑豊かな公園庁舎として市民が気軽に訪れ、時に内外で催されるイベントに気軽に参加できるよう、オープンで柔軟な構成にしている。

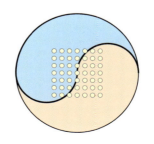
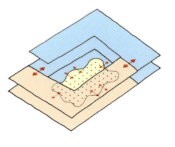

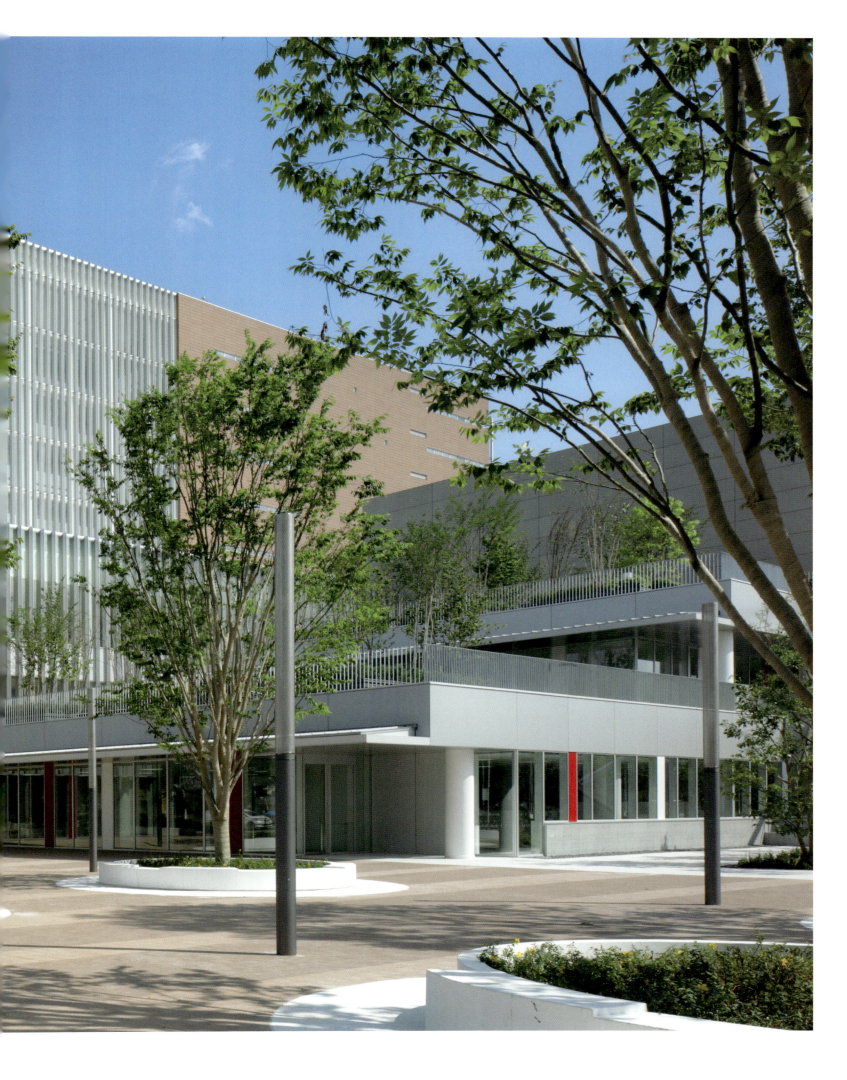

179

（左）アトリウムでは演奏会や茶会など、様々な市民の活動が繰り広げられる。
（下）市民が集うカフェの風景。

3階平面図

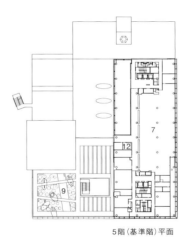
5階（基準階）平面

1階平面図

2階平面図

1　アーケード
2　エントランスホール
3　カフェ
4　店舗
5　イベントスタジオ
6　ワンストップロビー
7　執務スペース
8　中庭
9　屋上庭園
10　レストラン
11　ラウンジ
12　会議室
13　アトリウム
14　議場

S=1/2000

Tokyo Denki University Tokyo Senju Campus | 2012, 2017
東京電機大学 東京千住キャンパス

東京電機大学は、創立100周年を機に創立地神田から北千住に移転し、新たに東京千住キャンパスとして2012年に1期、2017年に2期が開設された。今も下町の面影を残す千住では、大学進出前からキャンパス用地となった大規模敷地について区、地域住民、地権者が一体となり魅力的なまちづくりのための協議が行われ、塀のない開かれたキャンパス構想が方向付けられた。これをうけて、1期では敷地中央を走る公道に沿って連続する低層部の「プラザ」と「アゴラ」という高い公共性をもつ空間を構築し、2期で「アゴラ」を「アトリウム」として建物の奥へ引き込み、外観では白いタワー群という建築の姿を与えることにより、地域に開かれたまち並みの形成とアイデンティティのある風景の構築をめざした。

3つの「プラザ」はキャンパスとしての領域を形成し、地域と大学の間に新しい結び付きを生み、日常的なアクティビティだけでなく、パフォーマンスや祭りなど非日常的なイベントの舞台となった。「プラザ」と公道に沿った低層部に、ロビーなどの共用機能と、これらに接する大学施設でありながら地域にも開放する機能をつなぎ「アゴラ」というコンセプトを実現、学生だけでなく地域の人々にも開かれた交流の場とし、表情豊かなまち並みの風景を創出した。1期の「アゴラ」上部のタワーが研究室棟、教室棟、実験室棟の単体機能であったのに対し、2期はプログラムが複雑化し、タワーの低層部が教室、高層部が研究室、低層棟は3層吹抜けのものづくりセンターおよび、キャンパス西側の通りの賑わいへ貢献する学外経営のスポーツクラブから構成され、その間の6層吹抜けの「アトリウム」はタワーと低層棟の音響上の緩衝帯ともなっている。

「アトリウム」は1期の「アゴラ」から公道沿いの屋外デッキやピロティで接続され、通り抜け可能なパブリック空間となり、同時に教室階、学生ラウンジ、上階のルーフガーデンをつなぐ縦の動線が展開し、地域の交流の場から大学内の賑わいまでのつながりを生み出している。外観の色彩は白を基調とし、妻面のセラミック印刷ガラス、層間区画のバックパネル、サッシ、パネルのアルミ材、外壁の一部のPC版などをトーンの異なる白によって統一した。1期の高層階の交流の場である「ミニアゴラ」のボイド空間がファサードに陰影をつくり出している。このキャンパスを遠望するとき、白いタワー群という印象的な新しい都市の姿が浮かび上がる。

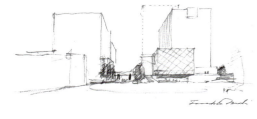

 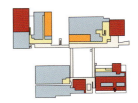

■ 地域利用施設　■ 地域連携施設　■ 大学専用施設　■ 屋内パブリックスペース（ロビー/ホワイエ）　　屋内パブリックスペース（屋外デッキ等）

地域に開かれたキャンパスでは、近隣の保育園の子供たちが広場で遊び、お年寄が立ち寄り語り合う風景が日常的にみられる。

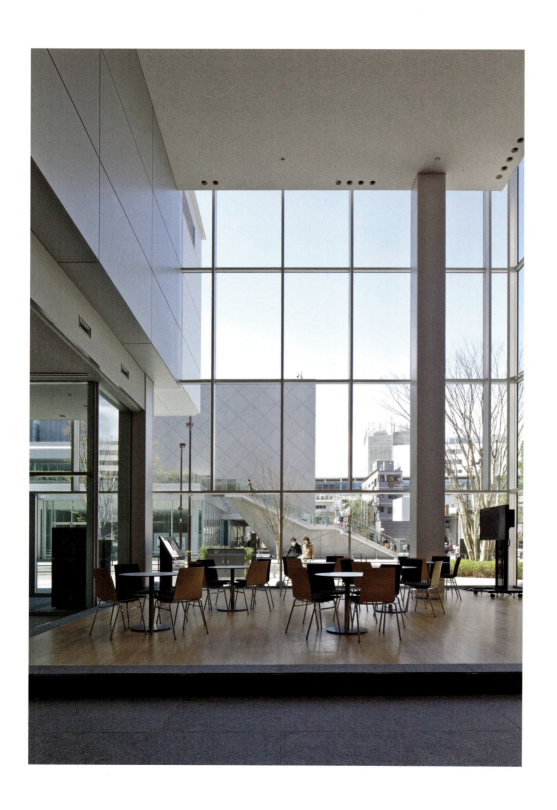

キャンパスプラザを通して奥に2期校舎を見る。
各棟はブリッジによってつながれている。

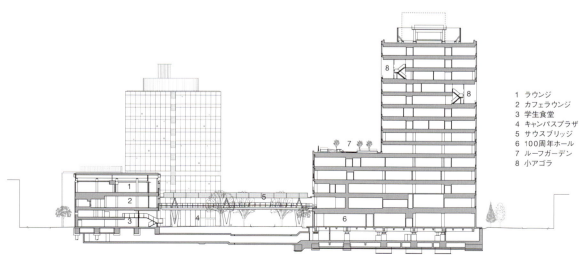

1　ラウンジ
2　カフェラウンジ
3　学生食堂
4　キャンパスプラザ
5　サウスブリッジ
6　100周年ホール
7　ルーフガーデン
8　小アゴラ

断面図　S=1/1200

地域のお祭りの風景。
キャンパスプラザは地域のための広場でもある。

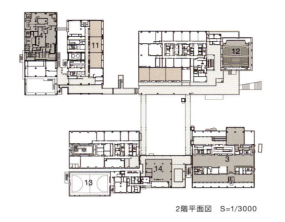

2階平面図　S=1/3000

3階平面図　S=1/3000

1　エントランスホール
2　カフェラウンジ
3　総合メディアセンター(図書館)
4　スポーツクラブ
5　ものづくりセンター多目的スペース
6　アトリウム
7　多目的ギャラリー
8　100周年ホール
9　電大ギャラリー
10　カフェ
11　セミナールーム
12　丹波ホール
13　体育館
14　学生食堂
15　教室
16　実験室
17　ラウンジ

地域利用施設
地域連携施設
大学専用施設
パブリックスペース
(ロビー/ホワイエ/デッキ/ブリッジ等)

1階/M2階平面図　S=1/2000

4 World Trade Center | 2015
4 ワールド・トレード・センター

4 ワールド・トレード・センターは、ダニエル・リベスキンドのマスタープランに基づくワールド・トレード・センター(WTC)再開発計画の一部分である。メモリアルを中心に囲む4棟のタワーは、1WTCを頂点として空へと上昇していくスパイラルを描いている。その端点に位置する我々の4WTCは高さ298m、72階建の建物である。この計画で、我々はふたつのコンセプトを提案している。メモリアルに相対する敷地にふさわしい、静謐で抽象的なイメージをもつタワーをつくること、そして一方で、ダウンタウン再開発の一部と位置づけ、歩行者レベルに活気のある都市空間を提供するリテールポディアムをつくり出すことを試みている。

コートランド通り、リバティ通り、グリニッチ通りにそれぞれ入口をもつ高さ13.7mのオフィスロビーからは、WTC全体を見渡すことができる。黒い花崗岩で仕上げられたロビーの壁は、公園と正対するように配置され、そこにはメモリアルパークの風景が写し出される。またエレベーターストリートは、メモリアルパークの並木を連想させるような、6層のクリアー塗装を施した高光沢の木パネルで仕上げられている。チャーチ通り側の5層にわたるアトリウムは、新しくできるWTC駅と商業施設を一体化し、WTC再開発のひとつの象徴として、カスケード状に床が展開する豊かな都市空間を生み出している。このアトリウム空間は、タワー低層部の商業施設や眼下にメモリアルパークの緑が広がるレストラン

へとつなげられるよう計画されている。
建物は、反射率の高い特殊Low-Eコーティングを施した複層ガラスのファサードで覆われ、金属質で光沢のある外観をつくり出している。それは建物にミニマルで軽く繊細な、そして光とともに変化する抽象的なイメージを与える。遠くから望むタワー4は独特な鋭角の輪郭を示して、マスタープランが掲げるスパイラル状に上昇する建築群の表現を明確にしている。

このタワーは、静かなる存在として、彫刻的な印象を与えるようデザインされた。遠くからみると、とがった輪郭をもつシンプルな彫刻が空を背景にくっきりと浮かび上がっているようにみえる。反射率の高い複層ガラスで覆われ、1日の中で時間や天気、光によってダイナミックに表情を変える。
1万1000枚に及ぶ幅1.5m、高さ4.1mのユニットは、層間区画の水平マリオンをガラス背後で納めるタッチマリオン方式によってスパンドレル部の表現を消し、抽象性の高いタワーの姿を実現している。明瞭な彫刻的オブジェは時として空に溶け込み、その姿を消す。

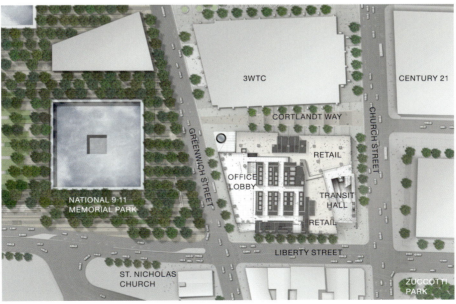

メモリアルパークに面する開放的なオフィスロビーは、公園の並木を視覚的に取り込み、一体感のある空間となっている。

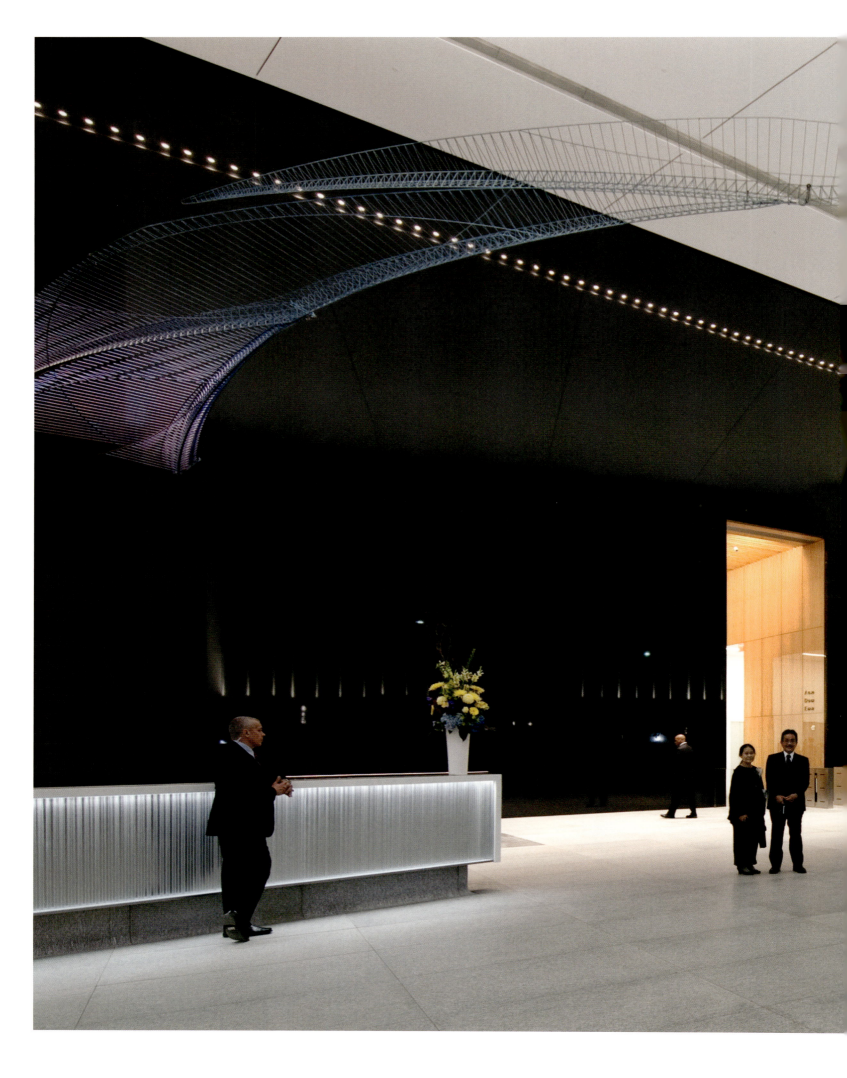

 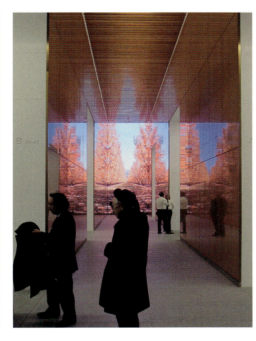 

それぞれのエレベーターストリートの正面には、メモリアルパークを想起させる空、木、水をテーマとした地元のアーティストによる映像が写し出され空間を彩る。

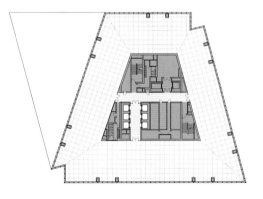

高層階平面図

低層階平面図

S=1/1200

"Tranquility in a Place of Torment"
「苦難の場にもたらされた静寂」
デイヴィッド・W.ダンラップ/中村研一訳

2001年9月11日にテロリストによって2977人の人々が犠牲となったロウアー・マンハッタンのワールド・トレード・センター跡地は、アメリカの中でも最も物騒で複雑で、面倒な敷地なのだが、槇文彦、亀本ゲーリー、佐々修、そして彼らのチームはほとんど奇跡のような仕事を成し遂げた。彼らはこの難しい敷地にコンテクスト、秩序、平和をもたらしたのだ。

建築家はいつでもコンテクストを大事にするという。しかし多くの場合それが意味することは、都市計画家、歴史保存主義者、コミュニティ活動家を懐柔するのに必要最小限の表層的なコンテクストを引用し、スタンプのように建築に貼り付けるだけなのだ。

それとは対照的に、槇総合計画事務所は4ワールド・トレード・センターを真にコンテクスチュアルな建物に仕立て上げた。この場所以外では全く意味のない形態によって、地域全体の雰囲気をつくるのに大きな貢献をしている。

50ロックフェラー・プラザがどのような建物であるのか、思い描いてみていただきたい。それはおそらく不可能なのではないだろうか。「ニュース」と題されたイサム・ノグチの刺激的なレリーフ以外は、この建物はロックフェラー・センターの環境に溶け込んでおり、自己主張することなく全体が奏でるアンサンブルに貢献しているからである。

ロックフェラー・センターの建築群がつくりあげている最上のものと同じく、4ワールド・トレード・センターはいくつかのコンテクストに同時に、そして慎み深く敬意を払い、より魅力的にみせているのだ。ナショナル・セプテンバー11・メモリアルを見下ろすファサードは、建築家としてはこれ以上できないというほど抑制された表現を用いている。機械設備のためのルーバーやその他邪魔するものの何もない1枚の滑らかな面が歩道の47ft（14m）脇まで降りていき、透明な障子のように繊細なベールとなってロビーを囲むことになるのだが、そのぎりぎりまでそぎ落とされた簡潔な表現はグリニッチ・ストリートをはさんだ向かい側の正面にあるメモリアルへの敬意を意味しているのである。

アメリカ人が「グラウンド・ゼロ」とよぶ場所は、日本の建築家にとってどのような意味があるのだろうか。結局我々の文明にとって最初の「グラウンド・ゼロ」は広島であり、1945年8月6日にアメリカが原爆を投下し少なくとも10万人の人々が亡くなった。続いて3日後には2度目の、そして現時点で人類の歴史上最後の原爆が今度は長崎に投下され、4万人の人々が犠牲となった。1945年3月のアメリカの焼夷弾による東京の破壊も、原爆に劣らず恐ろしい出来事だったであろう。この空爆で少なくとも10万人が犠牲になった。東京で生まれ育った槇文彦はそのとき17歳だった。後に、1950年代初期に東京大学の丹下健三研究室の学生だった槇氏は、広島ピースセンターの実施設計の準備に直接携わっていたのである。

建築はホロコーストに対して静かに対応できるという教訓をそのとき槇氏は学んだのではないか。倫理的な過失があるかどうかが曖昧であるならば、好戦的になる必要など何もないし、事実そのものがあまりに恐ろしければ、そこにメロドラマを加える必要はない。

槇氏がアメリカの「グラウンド・ゼロ」にもたらしたものは深い静けさの感覚である。4ワールド・トレード・センターのロビーにある大きな壁面は、アルミ長石を含んだスウェーデン産の黒色花崗岩で仕上げられている。亀本氏がスーラになぞらえていたように、このアルミ長石がメモリアル・プールの周囲にあるナラの木の枝振りを点描画のような粒子状の像として写し出すのである。

巨大な壁面にリズムを与えているのは3つの廊下で、ウレタンクリアによる美しい光沢をもったアニグレ練付パネルによって仕上げられている。これらの廊下は建物中心のコアへ延びていくのだが、それぞれの廊下の突き当りにある24ft（7m）の高さのスクリーンに水、樹木、空などの動く映像がフィリップ・グラスの音楽とともに優雅に写し出されることによって、逆に自然に戻っていくような錯覚にとらわれる。こうした仕掛けは少し安っぽく聞こえるかもしれないが、実際に体験するとまるで魔法にかかったように魅力的に感じる。こうした静かな、夢みるような時間の中で、建物の納まりを説明する言葉で「壁勝ち」といわれる納め方、すなわち壁面が下がってきて床と取り合うという最もありきたりな部分で床の向こう側にさらに深く壁が下りていくようにみえるという納め方の微妙な差異が、この空間にさらに優雅さと奥行き感を与えていることに気づかされる。

ロビー上部の彫刻「スカイ・メモリー」は西野康造氏の制作によるもので、軽量のチタンのトラス構造による直径98ft（30m）の半円は壁面からのキャンティレバーで支持され、浮いているようにみえる。壁面の反射によって、西野氏の彫刻はひとつの完全な円と読むことができる。あるいは、これをゼロと読んでもよいかもしれない。

グリニッチ・ストリートに面したロビーと鮮やかな対照をしているのが、ズコッティパークから対角線上のリバティ・ストリートとチャーチ・ストリートの交差点に面したエントランスである。建物のこのコーナーはロウアー・マンハッタンのビジネス地区とワールド・トレード・センターの間の重要な表玄関となっている。そのオフィスタワー、グルメマーケットのイータリー、ウエストフィールド・ワールド・トレード・センター・ショッピングモール（サンチャゴ・カラトラバのデザインによるオキュラスの中にある）、そしてPATH通勤鉄道のトランジット・ホール（これもカラトラバ氏による）は、ニュージャージーからの6万人の通勤客が利用している。ハブとしての役割にふさわしく、このエントランスは45度の角度で傾いた高さ44ft（13m）のV字形の柱を大きな特徴としており、対角線方向のエスカレーターを額縁で枠取っているようだ。

もし他の場所にあったとしたら、56層の平行四辺形の上に16層の台形が載せられたタワーの全体の形態は単調で重苦しく、ぎこちなくて威圧的にみえたかもしれない。しかし、このプリズム的な形態は、この場所では軽やかに佇んでいる。いったい、どうしてそのようなことが可能なのだろうか。

4ワールド・トレード・センターが2013年に完成してからずっと、私も含めた多くのライターがこのタワーのスカイラインが空に消えていく様子に驚かされてきた。977ft（298m）という高さでニューヨークでも10番目に高い建物であることを考えると、それは本当に驚くほど見事なデザインである。

この現象を説明するために、私も含めた多くのライターが光り輝くカーテンウォールだけに注目してきた。もちろん、カーテンウォールに関していわなければならないことはたくさんある。タワーを覆っているガラス・カーテンウォールは1万1000枚のユニットによって緻密に組み立てられている。多くの近代のスカイスクレイパーで用いられているガラスの少し緑がかった色味とは異なり、高透過ガラスによる反射光はよりニュートラルな色味をもっている。特殊Low-Eコートを施すことで断熱性能を高めているのだが、その結果光の反射率も高めているのである。パネルの高さは13ft6in（4.1m）である。このユニットは大きく反射性も高く、層間区画の水平マリオンをガラス背後で納めているので、ファサード全体が継ぎ目のない一体となった面であるかのように錯覚させる。

複層合わせガラスの厚さは1-7/16in（36.5mm）あり、それぞれのユニットは独立して固定されているので、カーテンウォールはいわゆるキルティングとよばれる変形を受けにくくなる。ある一定の角度で、1日の特定の時間帯になるとタワーはその物質性を失い、空にヘアラインのグリッドだけが浮かんでいるようにみえ、その背後に近くの建物がまるで触れることができるようにリアルに浮かんでいるのだが、それはガラスに反射した像にすぎない。

しかし、ファサードは単なる反射鏡ではなく、それ自身が常に変化し続けるかのような極めて洗練された印象を与えるように構成されている。タワーの南西と北東のコーナーにおいて、76度の角度で面が出会うように切れ目が入れられているということがそのひとつの例である。そうしたデザイン的操作によってスカイラインの輪郭がナイフのエッジのようにシャープになり、ひとつのフロアに（テナントによってはそうしたことを気にする人もいるかもしれない）4つではなく6つのコーナーを与えることになる。

こうしたファサードの切れ目やキャンティレバーによるコーナーは、革新的な構造デザインによって可能になっている。4ワールド・トレード・センターは、70ft（21m）の深さの複雑な地下構造体の上に載っていて、そこにはショッピングモールの一部や、交通のターミナル駅、そしてナショナル・セプテンバー11メモリアル＆ミュージアムが含まれている。全体を貫通する柱の数を最小限とし、位置を綿密に検討する必要があった。槇とレスリー・E.ロバートソン・アソシエイツはともに工夫して、外周部の荷重を8組のペア・コラムだけで支持するシステムをつくりあげた。特に大梁と組み合わせることによってペアとなった柱システムは、80ft（24m）のスパンを途中に柱を置かずに飛ばすことを可能にし、ほかとは比較にならないほど素晴らしい眺め、特に港への眺望を生み出している。

平行四辺形と台形の組合せは、この新たなワールド・トレード・センターのマスター・プランナーであるスタジオ・ダニエル・リベスキンドが設定した、4つのスカイスクレイパー

がメモリアルを包み込みながら螺旋形に上昇していくというガイドライン、すなわち敷地の南東コーナーになる4ワールド・トレード・センターから北西コーナーにあり1776ft（541m）の高さの1ワールド・トレード・センターまでが螺旋形を描きながら上っていくというコンセプトに対応したものである。槇事務所は4ワールド・トレード・センターのファサードをねじるという巧みな方法でこのコンセプトを受け入れ、リベスキンドの螺旋形の動きを表現したのである。

槇は1954年から55年にかけてゴードン・バンシャフトのジュニア・デザイナーとしてスキッドモア・オーウィングズ・アンド・メリルで働いた経験があり、この敷地の近くにあるSOMの設計によるいくつかのオフィスと類似している点も見受けられる。4ワールド・トレード・センターのプリズム的形態はSOMの7ワールド・トレード・センターと共通したテーマであるし、ピンと張りつめた面のシャープさは140ブロードウェイを思わせ、シルバー色に光り輝くさまは1チェイス・マンハッタンを連想させる。

4ワールド・トレード・センターの物語には、SOMのニューヨーク・オフィスで最も脚光を浴びているパートナー、デイヴィッド・M.チャイルズにかかわるもうひとつの話がある。2001年7月にシルバースタイン・プロパティーズの会長ラリー・A.シルバースタインは、この複合体の建設者であり所有者でもあるニューヨーク・ニュージャージー港湾公社とワールド・トレード・センターの土地の99年間のリース契約を結んだのである。シルバースタイン氏は少し老朽化が目立ってきたツインタワーとその周辺をどのように最新のものにするか、チャイルズ氏とSOMに依頼しようと考えていた。

しかし、リース契約が結ばれたちょうど7週間後にワールド・トレード・センター全体が破壊されてしまった。

この惨事の後、「グラウンド・ゼロ」という財政上の負担を片付けて新たに事業を開始するのではなく、港湾公社はリース契約を継続することを選んだ。シルバースタイン・プロパティーズはこの敷地に対して依然として賃料を支払わなければならなかったし、この契約には保険がかけられていたので、シルバースタイン氏は早く再建するための十分な資金と意欲をもっているように思えたからである。シルバースタイン氏は、新しいタワー1とタワー7の設計をSOMに依頼した。そして彼はチャイルズ氏に、ワールド・トレード・センター全体の設計をSOMに任せることができるかどうかを尋ねた。ディベロッパーがこのようにもちかけた際、チャイルズ氏はショックを受けてしばらく黙って立ち尽くし、そしてこう答えた。「建築家として人生を10回やり直しても1度得られるかどうか、という素晴らしいチャンスだと思う。今あなたが私に依頼してくれたことは、建築家として得られる最上の依頼だといってよいだろう。しかし私は友人として、そのように進めることはあなたにとって本当によいことではないといわなければならない。ワールド・クラスの建築家たちに依頼するのが最もあなたにとって利益になるのだと思う」

ニューヨーク社会ではシルバースタイン氏は極めて強引で、しかも粘り強く、テナント契約の交渉の場では多くの契約相手を疲れ果てさせることで知られていたが、「ワールド・クラス」の建築家のパトロンとして認知されてはいなかった。実際、ワールド・トレード・センターの建築家としてリチャード・ロジャース、ノーマン・フォスター、ジャン・ヌーベルを選んだことは、スター建築家を選ぶ脚本としてはそれほど目新しくはない。しかし、槇を選んだことは驚きだった。

シルバースタイン氏は、実は1980年代から槇総合計画事務所の作品を知っていた。彼と彼の妻クララは日本で最も成功したディベロッパーの1人である森稔氏とその妻佳子と懇意にしており、東京で会っていたからである。「私たちはそのディテールの素晴らしさに圧倒されていました」と、シルバースタイン氏は槇氏の建築をみたときの印象を述懐している。「ファサードは平面的でシンプルであり、威厳すら漂っていました。しかしデザインのクオリティは驚くほど高かったのです」

このディベロッパーは、槇総合計画事務所が要望した施工レベルを実現させるために支払わなければならなかったコストに関しては、いっさい見積も確認していないという。あえていうならば、230万平方ft（21万3700㎡）の建物の建設コストは最終的には20億ドル（2250億円）以上になっている。

「コストを検討するのは二の次というときもあるのです」とシルバースタイン氏は語る。「このプロジェクトはそうした仕事のひとつでした。そのように進めたことを私たちは嬉しく思っています。タワー4は大成功しなければならなかった建物なのです。世界中の主だった建築批評家からは多くの賛辞をいただくことができました」。それでも、この建物のテナントがすべて埋まるまでに4年が必要だった。

一方、4ワールド・トレード・センターはナショナル・セプテンバー11メモリアルと対になって、その機能を巧みに補足する役割も果たしている。そうした意味でこの建物は、すべての訪問者が無粋なセキュリティチェックを受けなければならない1ワールド・トレード・センターよりも、世界中の高級ショッピングモールでみかけることができるようなブランド店が豪華に並んでいるウエストフィールド・ショッピングセンターよりも、そして入場するのに24ドルを支払わなければならないメモリアル・ミュージアムよりも、重要な公共空間を提供している。

4ワールド・トレード・センターのロビーへはいつでも歩いて入ることができるし、写真を撮影しているのでなければ、好きなだけそこに佇んでいてもよい。グリニッチ・ストリートの向かい側で死者への哀悼の意をあらわそうとしている人々とビジネスで忙しく働く人々が同時にいるのに、いや同時にいるからこそなのかもしれないが、この空間にいると瞑想へと誘われる。この静かな部屋からみていると、一見して乱雑にみえるワールド・トレード・センターの建築群が、合理的でしっかりとした目的をもっているようにみえてくる。槇総合計画事務所のおかげで2001年9月12日には不可能だと思えたような決意を新たにすることができ、一度はもう手が届かないかと思えた安らぎの感覚を覚えることができたのである。

デイヴィッド・W.ダンラップ
ニューヨークタイムズ
ダンラップ氏は2003年から2017年までワールド・トレード・センター再開発の報道に携わった。

撮影：SPI

Aga Khan Museum | 2014
アガ・カーン ミュージアム

アガ・カーンミュージアムは、6.8haの敷地の中に計画されたふたつの建物のうちのひとつである。同じ敷地にチャールズ・コレア設計のイズマイリセンター（礼拝堂）があり、ふたつの建築は、ヴラディミール・ジュルビッチ設計による幾何学的なイスラム庭園をはさんで向かいあっている。ひとつの公園としての敷地の中でイスラム世界の聖と俗を表現するふたつの建物を庭園やランドスケープによって結び付けることで、敷地全体に調和した関係を感じさせるようにした。

北米で初のイスラム芸術文化のための博物館であるこのミュージアムは、イズマイリ派第49代イマーム（最高指導者）であるアガ・カーン氏の主導のもと建設された。主なプログラムとして展示室、教育施設、ホール、レストランが備えられている。このミュージアムでは光をテーマとして、その神秘性を表現することを試みている。矩形の建物を南北軸に対して45度の角度で配置することで、建物のすべての面が1日に1回は日の光をうけるようにした。サンドブラスト仕上げのブラジル産白花崗岩で覆われた外壁は、中央部がくびれた形態となっており、この建築の表層は日時計のように光と影の戯れが織りなす移ろいを写し出す。床から天井までをすべてガラス張りとした中庭を囲む空間は、回廊として自由に回遊できる共用空間であり、同時にミュージアム内部の動線のハブとしている。各プログラムはすべてが対等に、ヒエラルキーをもたずに中心からアクセスできる。中庭を取り巻く中央の公共スペースでは、制約なくパフォーマンスやインスタレーション、集会やレセプション・パーティといった多様な活動が可能である。中庭は、変わることなく外界から切り離された独自の内部世界を生み出すための、穏やかで心安らぐ聖域として計画されている。

中庭を囲むガラス面は、線と面のパターンがネガ・ポジの関係になるようにプリントされた複層ガラスによって構成され、イスラムの伝統的なスクリーンであるジャリを想起させる立体的な効果を生み出している。中庭から建物内に射し込む光が回廊の天井、壁面、床面に常に動き続ける影を落とし、刻々と変化する内部空間をつくり出している。このミュージアムはイスラム教徒の社会が現代でも保ち続けている伝統を象徴し、イスラム教とその文明がこれまで生み出してきた、そして現在も進行させている芸術的、文化的活動について学ぶことのできる場として生き続けていくだろう。

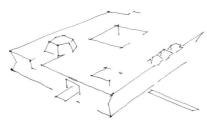

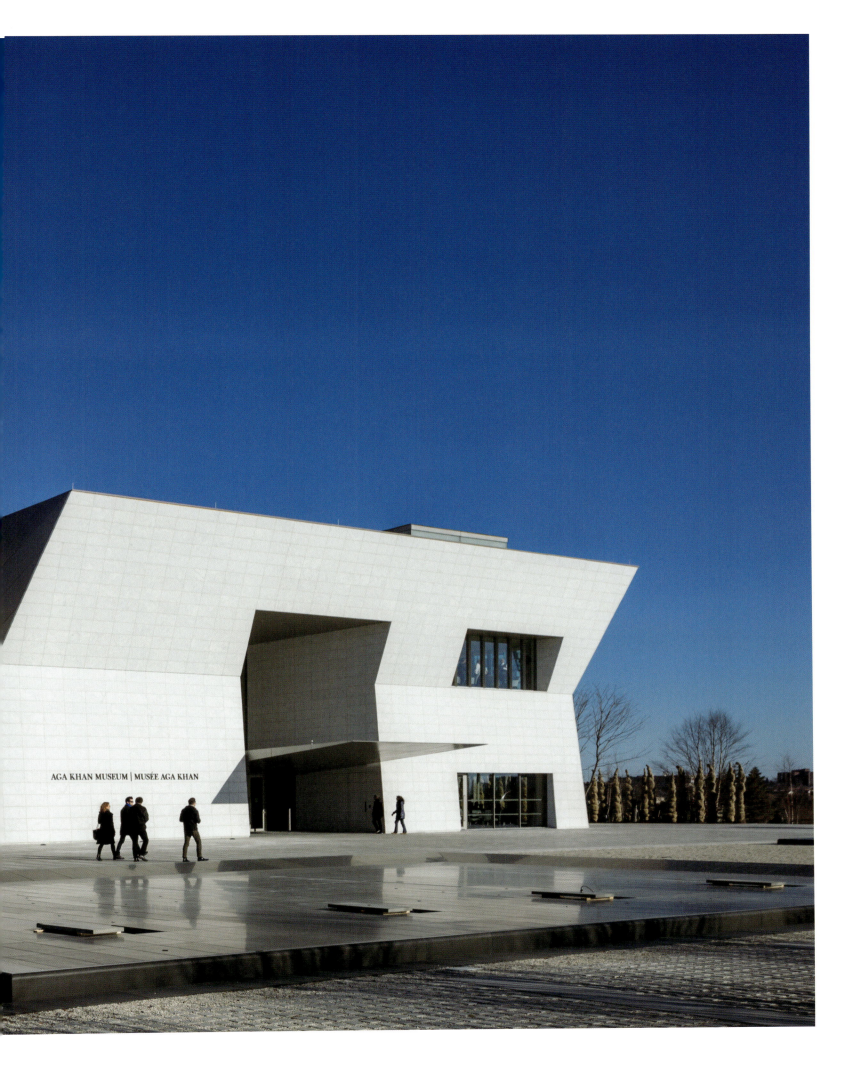

227

中庭を取り囲む回廊は、
ミュージアムのプログラムをつなぐ動線のハブであると同時に、
様々なイベントに活用される多目的な空間でもある。

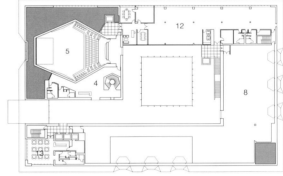

2階平面図

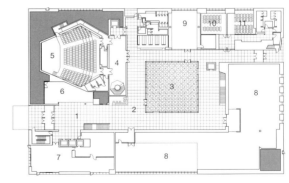

1階平面図

1　ロビー
2　回廊
3　コートヤード
4　ホワイエ
5　オーディトリウム
6　ショップ
7　レストラン
8　展示室
9　ベラリールーム
10　教室
11　ワークショップ
12　事務室
13　ラウンジ

S=1/1200

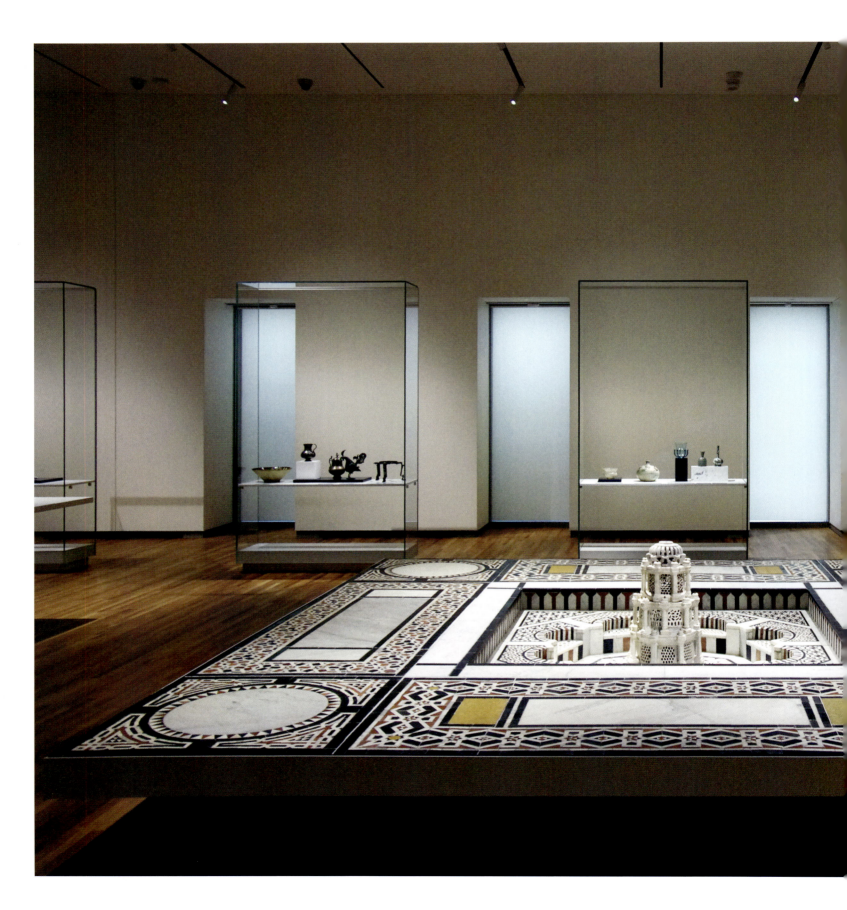

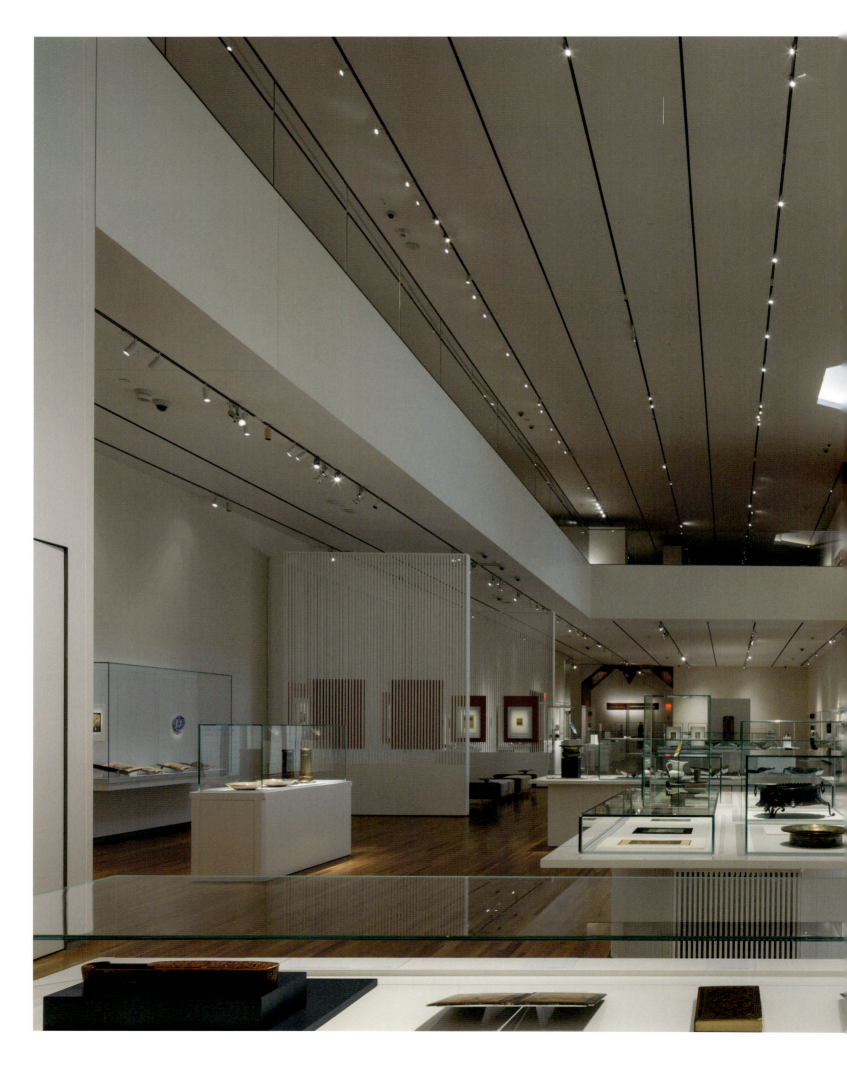

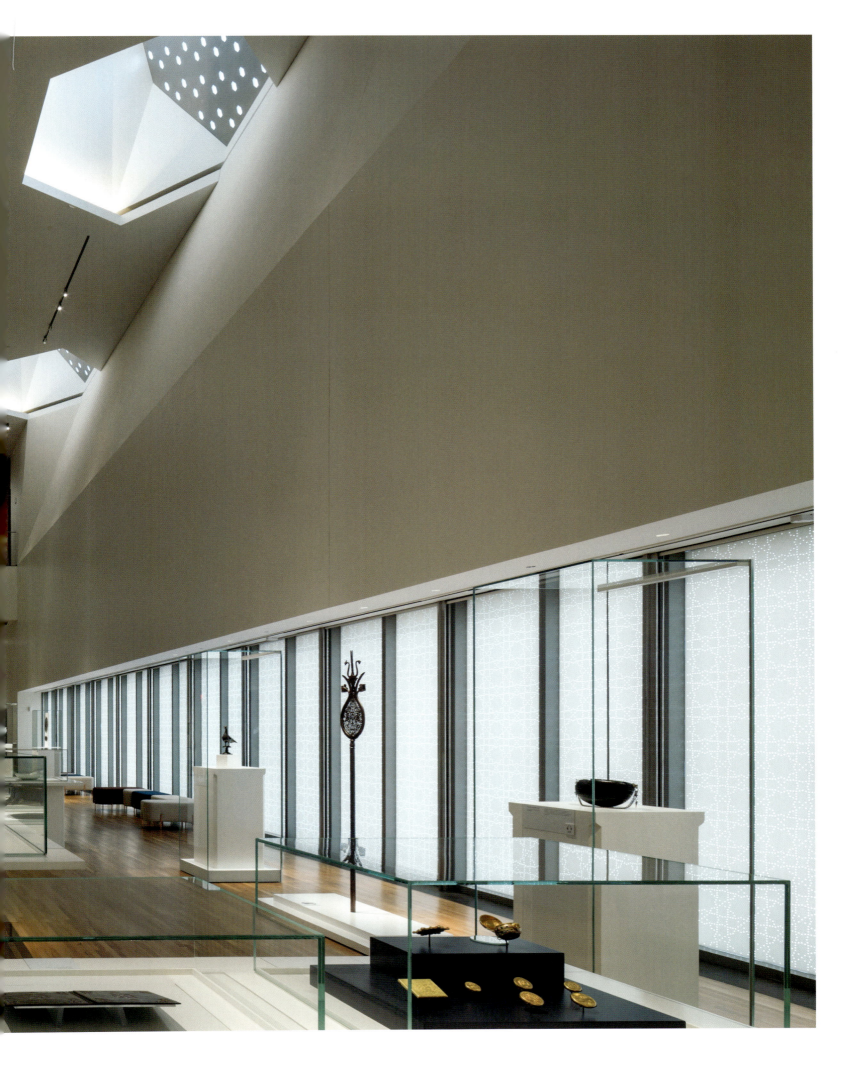

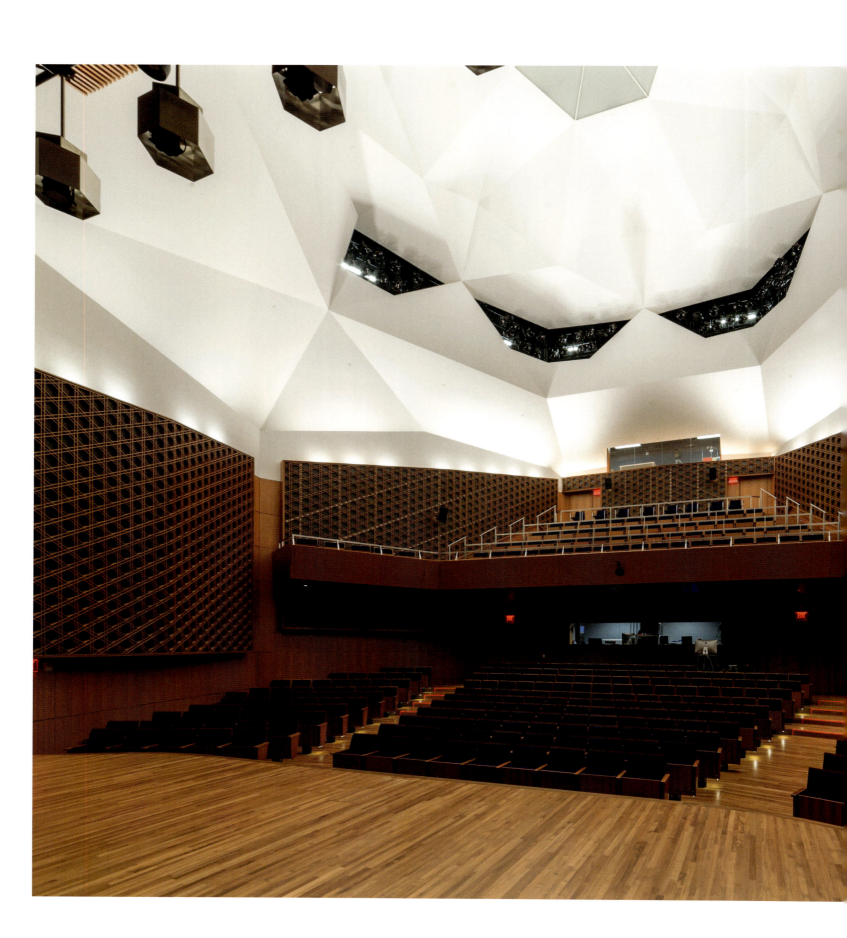

"Architecture of Pluralism"
「プルラリズムの建築」

森 俊子（ハーバード大学院建築学部教授、建築家）

Pluralism—多元主義—は常にアガ・カーン氏自身も唱えてきた多様な文化の共存を意味し、イスラム文化にもいろいろな文明の中で育成されてきた歴史がある。このミュージアムは自然とモダニズムの建築とが違和感なく共存する。このミュージアムでは、内部に入るとイスラム文化のエッセンスを感じるような空間を現代建築の手法を用いて表現してほしいという意向があった。

アガ・カーンミュージアムがカナダのトロント市郊外に敷地を決定した理由はこの都市が多元性を尊重し、多文化の共存と寛容性のある世界一の多人種都市であるからだ。100語以上の言語が飛び交い200以上の民族が平和に暮らし、経済成長の戦略案においてもダイバーシティを利点として振興が図られている。このミュージアムのメッセージは、イスラム文化の多元性と国際的な広がりと影響を芸術活動を通して人道的なものを正しく伝えるということである。いろいろな文明の中で育った芸術作品が多様な文化をつくった歴史的な背景を、作品を通じ一般に理解を深めてもらう伝承目的がある。

北米で最初のイスラムミュージアムなので、文明摩擦の厳しいこの時勢にバランスのとれた印象を建築が表現するという難しい課題もある。アガ・カーン氏と槇氏の長い年月をかけた対話の賜物であるミュージアムは、アドリエン・ガルデール氏による展示設計も含めてきめ細かな配慮が必要であった。その結果、光にあふれた空間で落ち着いて展示品を鑑賞し、親密なスケールで豊かな夢のある物語が楽しめる。最近のニュースとは正反対の肯定的なイスラムのストーリーを1人ずつ習得してもらいたいという期待がある。

外観はシンプルで、中近東の厳しい自然条件や防衛に備える建物の伝統的な慣習が思い浮かぶ。しかし、外壁の上部が折れていて天へ向かって光を受け入れるジェスチャーと同時に、自然光が折り目で微妙な反射を示し北方カナダなのに石づくりの白壁が砂漠の中にいるように際立つ。イスラム建築は自然の光に対して繊細な手法を使うので、その姿勢をこの建築にも示してほしいという要望もあった。2年かかって世界で最も白いブラジル産のグラナイトを発見して2層の壁に屈折を与えたこのデザインは、同じ石なのに折り目があるために微妙な自然光の差が読み取れる。

このミュージアムは歴史を振り返るだけではなく現代芸術も紹介しており、イスラム文化の先進的な可能性も予期するので、建築にはそれなりの未来的な抱負も感じられる。外壁の施工の精密度が非常に高いため、入館するときは緊張感が高まり冷静な観察力を期待される。中に入ると光のテーマで体験するミュージアムなので、随所に伝統的な採光のエピソードが所在している。中庭ではカーテンウォールから幾何学パターンが幾重にも反映して、採光の角度が変わるたびに雰囲気が変わる。中庭のまわりは公共施設のように、人々が打合せをしたりカフェでお茶を飲んだりして賑わうソーシャルスペースだ。

トロントのように冬の長い北のまちでは、光のあふれる公共室内空間が稀だし重宝される。建築プランは4つのブロックから構成され、中近東のバザール形態に類似しているので、都市空間の感覚でゆとりのある間取りとなっている。自然にイスラム的な空間が日常生活に溶け込んでいる。音楽が静かに流れ、カフェでは中近東諸国からのお菓子が並び、レストランも世界中からキュレートされた地方色豊かなイスラム料理が揃い大繁盛している。最近誤解の多いイスラム文化を市民が1人ずつ理解を深めて、芸術や建築を通じて知識の誤差を縮めるのが大きな目的である。

建築にグローバルな課題が出題された場合、答えが出せるのか、建築としての役割はあるのかと、最近厳しく問われている。

この建築は成熟された手法で明確に社会、文化、歴史の架け橋の役目を果たしている。異なった価値観が共存できるためには、細かい配慮と多面な視点からオープンな対話を継続し調和を図ることで成立できるということを建築が静かに、しかし自信をもって提案し文明が前向きに進むための建築の必然的な役割を立証している。

Singapore Mediacorp | 2015
シンガポール・メディアコープ

シンガポール・メディアコープは、国際設計コンペの優勝案である。建物はワン・ノース・アベニューとスターズ・アベニューの角に位置する細長い三角形の敷地に建ち、ザハ・ハディドがマスター・プランナーとして参画したメディアポリスへのゲートとして計画されたものである。また、敷地はワン・ノース・パークに隣接し、建物と一体的に新たな相乗作用を生み出すことも目的とされている。従来の放送局施設に加え、メディアコープは1550席のブロードキャスト・シアター、メディアギャラリー、展示スペースを設け、またスタジオ、ニュースルーム、ラジオ局等を回遊するパブリックツアーを開催することで、その建物の公共性を積極的に表現している。

シアターは、MRTのワン・ノース駅からの軸に沿って配置されている。ブロードキャスト・シアター、放送スタジオ、オフィスが、それぞれ独自の形態と場をもち、隣接する公園につなぐ「ビュー・コリドー」と名づけられたゲートを建物全体として構成している。この「ビュー・コリドー」は大きな吹抜け空間のプラザと、カフェやバー、レストラン、展望室、シアターのホワイエ、オフィスロビーなどが集まるタウンステージで構成されている。またこの空間の主たる要素として、開館年がシンガポールの独立50周年であることを記念した50段の大階段が配置されている。

放送センターは、地下3階から地上12階まで、垂直方向に積層されている。4層分の高さのふたつの大きなスタジオが1階に配置され、その上にニュースルームやラジオコンティ、さらにその上に4層にわたってオフィス階が設けられている。国際的で創造性豊かなメディア・プロダクション企業をめざし、1600人収容のこのオフィス空間が4層吹抜けのアトリウムを中心に広がり、共同作業にふさわしいメガ・オープン・スペースとなっている。

外装はシンプルな構成と形態に加え、特殊加工が施されたステンレスパネルで仕上げることで、周囲の環境や自然に彩られた景観、さらには気候やそこを歩く人々などの風景を写し出し、それがメディアにかかわる施設であることを表現するようなデザインとした。その極めて彫刻的な表層は、光や変化する周囲の状況により刻々と変化し続ける。一方、歩行者の行き交う地上レベルでは、大きなガラスファサードによって透明性が保たれ、歩道やプラザ、テラス、公園から建物内の活動を垣間見ることができる。

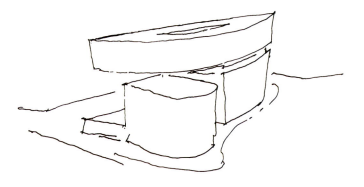

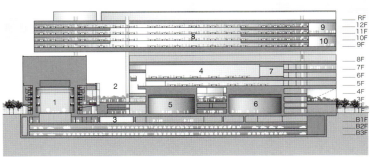

1	劇場	6	スタジオ中	
2	タウンステージ	7	ニューススタジオ	
3	リハーサルスタジオ	8	事務室	
4	ニュースルーム	9	会議室	
5	スタジオ大	10	フォトスタジオ	

南北断面図　S=1/2500

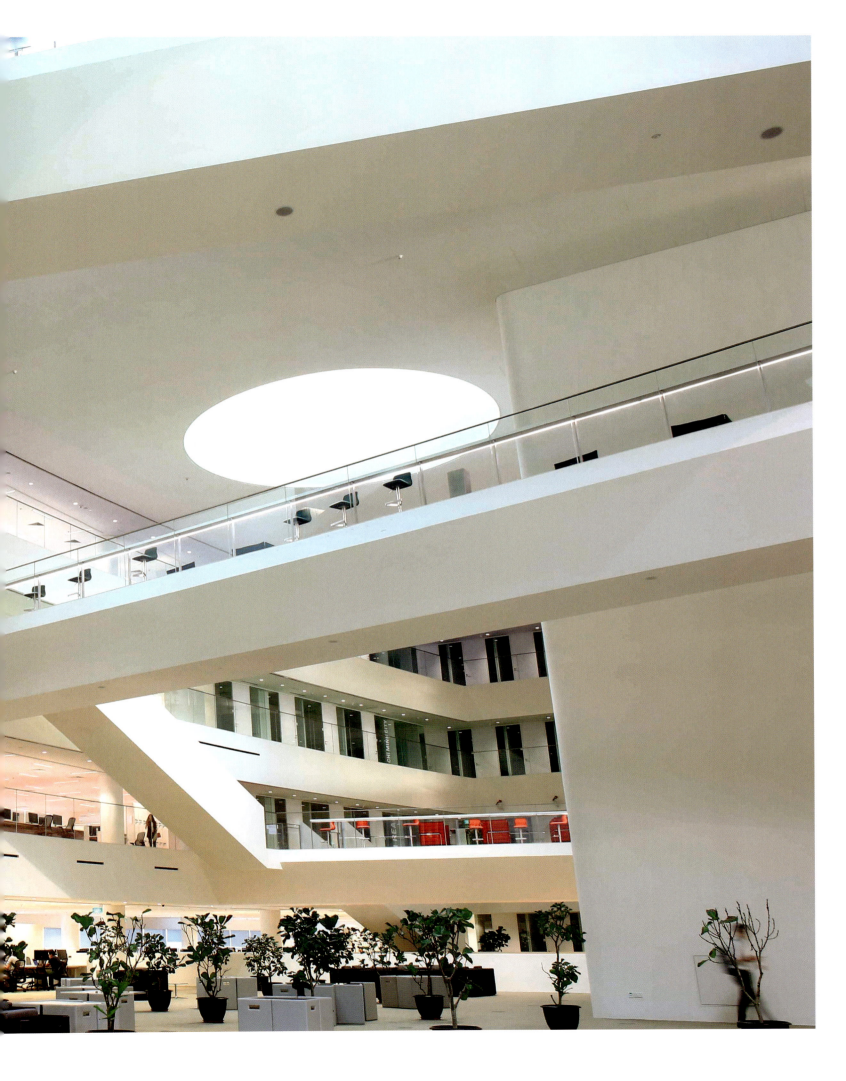

長さ200mのコーポレートオフィスは、
メディアコープのリビングスペースとして機能するアトリウムを中心とした、
アトリエのようなオープンコラボレーションスペースとしてデザインされた。

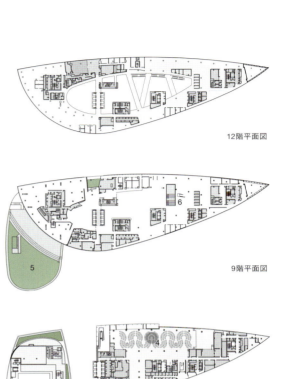

12階平面図

9階平面図

6階平面図

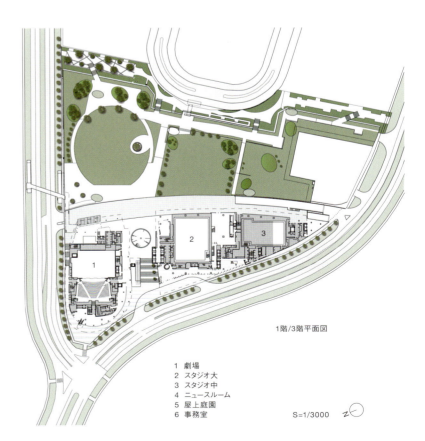

1階/3階平面図

1 劇場
2 スタジオ大
3 スタジオ中
4 ニュースルーム
5 屋上庭園
6 事務室

S=1/3000

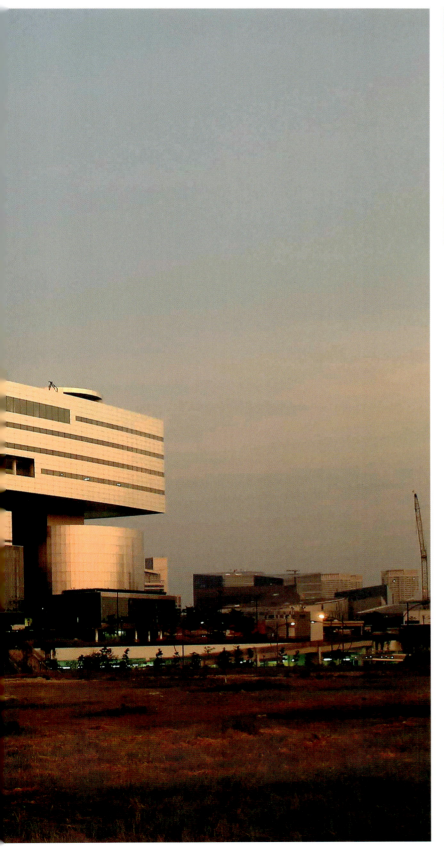

"A Vanguard Vessel of Media"
「メディアの先陣となる船」
ヘン・チェ・キアン（シンガポール国立大学デザイン環境学部教授）/中村研一訳

建築は我々の風景の中にまるで魔法のように「突然」あらわれることがある。2015年の後半、建設期間というさなぎの形態から孵化したかのように、またアヤ・ラジャー・エキスプレスウェイ（AYE）を行き交う多くの車と混じって今にも出帆しそうな、穏やかに光を反射する魅力的な船が魔法のように出現した。そのとき以後、このメディアコープ・キャンパスは高速道路で通勤する無数のドライバーたちにとってこの場を示す重要な標識となったのである。

2015年12月8日、メディアコープ・キャンパスは約1200人のゲストやスタッフの前でリー・シェンロン首相により鳴り物入りで正式にオープンした。そのオープニング・イベントでメディアコープ会長のテオ・ミン・キアン氏は「メディアコープ・キャンパスは私たちが今後、視聴者やパートナーたちとどのように働きかかわっていくべきかを一変させる」ものであり、「この新しいキャンパスは会社がその出資者へよりよい方法で還元することができるような、協調的で革新的な社風を育てる」と高らかに宣言した。

2011年のコンペでDPアーキテクツと協同で提出された案が1等に選ばれてから、槇文彦の新たな建築作品はシンガポールで永い間待ち望まれてきた。この島国で槇文彦が最後に完成させた建物は2007年に竣工したリパブリック・ポリテクニック（RP）である。RPが18棟の建物によって約20万㎡の床面積を提供していたのに対し、メディアコープ・キャンパスは極めて制約の多い小さな敷地の中でその半分の床面積をたった1棟の建物に集約させている。完成した建物は地上12階、地下3階という大きな規模となっている。

メディアコープは商業的メディアを扱う会社のグループであり、全体で約3000人の社員を擁している。テレビやラジオの放送、インタラクティブ・メディア、印刷出版、映画制作にビジネスとしてかかわっており、シンガポールで最大のメディア放送局である。建物のプログラムには、ブロードキャスト・シアター（放送用劇場）、放送スタジオ、プロダクション施設、コーポレートオフィスといった機能と同時にカフェやレストラン、そしてメディアギャラリーといった公共施設も含まれていた。メディアセンターは機能的、効率的なだけではなく、スタッフ間の交流を促し、創造性を高めることが求められていた。閉じられた施設ではなく常に一般の人々へ開かれた施設として構想され、放送センターという機能をこれまでになくユニークな方法で運営していることを訪れた人々にみせることが求められていたのである。

制約の多い敷地がもたらすもの
メディアコープ・キャンパスの建物は200haの広さがあるワン・ノース・ビジネスパークの中の極めて重要な場所に位置している。このビジネスパークのマスタープランは2001年にザハ・ハディドによって計画されたものであり、バイオポリス（生物医学にかかわる研究開発の中心）、フュージョノポリス（情報通信、工学、物理学にかかわる

研究開発の中心）、メディアポリス（デジタルメディア産業）の3つのクラスターによって構成されている。こうしたビジネスパークの基本方針は、知識や革新によって牽引される経済活動へのシンガポールの参入を支援することを目的としている。他のふたつのクラスターがほぼ完成しているのに対し、19haの面積を占めるメディアポリスは、シンガポールが将来世界のメディアの中心的な存在となれるように、広い分野にまたがるメディア・プレイヤーのためのメディア・エコシステムをこれから構築しようとしている。

細長く（ほとんど直角に）曲がった三角形の敷地は225m×120mの大きさで、メディアコープ・キャンパスは物理的にも、そして象徴的な意味でもメディアポリスの先陣となる建物であり、新しく開発されるこのクラスターの真のランドマークとなる建物なのである。そしておそらくさらに重要なのは、このキャンパスがそのデザインやプログラムを通してメディアという産業を刺激し、メディア・エコシステムを発展させるうえで触媒としての役割を果たすことである。

1.5haの敷地の北側にはスターズ・アベニュー、西側にはワン・ノース・アベニューがあり、東側には駐車場の上に7.5m持ち上げられた細長い公園がある。このような不整形な形状により、敷地はふたつの視覚的に目立つコーナーをもつことになる。ひとつは西側のコーナーで、ワン・ノース・アベニューに面してすでに建設が終わった領域（「シティ」とよばれる）や、この敷地へのメインアプローチであるアヤ・ラジャー・アベニューに向いており、もうひとつは鋭角にとがった南側でAYEからみることができる。

先陣を「かたちづくる」
メディアにかかわる建物のクラスターの中心となる建物として、公園となった土地を超えた向こう側に将来多くの建物が建てられる際にはひとつのステージとなり、「シティ」と結ぶ役割を果たすというこの敷地条件は、槇が群造形を実践するうえで極めて重要であったに違いない。その後多くの影響を与えることになった50年前に出版された槇の著作『集合体の研究』において彼が主張したように、もし彼の設計意図がその後にさらに継続してつくられるビジネスパーク全体へ配慮して「シティ」との間の「統一」を生み出すことであり、「連結を組み入れると同時に、将来ひとつのシステムに従って成長できるような連結装置を組み込んでおくこと」*1だったとしたら、このメディアコープ・キャンパスは素晴らしい成功を収めたといってよいだろう。

複雑なプログラムはまず3つの主なグループ、すなわちブロードキャスト・シアター、放送センター（スタジオとプロダクション施設）、そしてコーポレートオフィスに分類され、それぞれに特徴ある形態によって建築的に表現されることになった。彼がかつて述べた建築デザイン手法のひとつとして「与えられた構成要素からひとつの建物をつくり出す」*2という方法論に基づき、これら3つの要素は芸

術的に組み合わされ、「シティ」と公園、そしてそのさらに向こうを結びつける門を形成している。

この儀式的な門、あるいは入口は都市計画的に、また象徴的にいくつかの重要な役割を果たしている。西側ファサードに長さ250mというまちに開かれた素晴らしい眺めをもつ回廊を提供しているだけではなく、エントランスの車寄せから大階段を経由して屋根の架けられた「タウンステージ」へ、そしてその向こうの公園へとつなげる役割を果たしているのである。このように物理的につながれていることによって建物の中を背骨のように貫通する歩行者のネットワークが生み出され、さらに隣接する公園にもつながることによって、将来開発が進められるメディアポリスのクラスター全体への接続を暗に意味することになるのである。

物理的な連結性は、ここではさらに象徴的な意味が重ねられている。大階段の50のステップは、メディアコープ・キャンパスがオープンした2015年にシンガポールが独立国家として50周年を迎えたことを記念しているものである。「タウンステージ」から見上げると、水平に積層するコーポレートオフィスのアトリウムの天井と床に、それぞれ1列に並べられた円錐形トップライトと円形の開口を通して空をみることができるのだが、その6層上部で門型に重なるオフィス棟を貫くことのできる視線が、あらゆるところに浸透するデジタル・メディアの領域が無限に広がっていることを我々に思い出させるかのように見える。3つの特徴ある要素によって構成するというデザイン手法は、互いを際立たせるという戦略を意味している。ボリューム的にはそれぞれのブロックは異なる形態によって表現されている。シアター・ブロックには球根のような形態が与えられ、アプローチの軸線上にある最も特徴的な西側コーナーを表現している一方、流線型の翼のような平面形を与えられたオフィス・ブロックは放送センターの上部に浮いており、北と南のとがった端部は特徴的な表情をもつ。結果的にこの建物はふたつの重要な、しかし全く異なる横長の立面をもつことによって、建物がどのような構成要素によって成り立っているのかを巧みに表現しているのだ。アヤ・ラジャー・エキスプレスウェイからみると、このふたつの立面は融合してひとつの極めてシャープな印象をもつ形態に収束し、メディアや情報を運ぶ美しい船を比喩的に表現しているようにみえてくる。

コンテクストから導かれた形態
メディアコープ・キャンパスの形態の幾何学はプログラムの内容によって決定されていると同時に、物理的および気候的なコンテクストからも導かれている。ビジネスパークに面しているのは極めて建築的に分節された、いわば西欧的な「都市的」ファサードであり、前面道路の曲線に沿って移り変わる一連のイメージのような動きを体現している。それに対して東側の長い立面は静かな佇まいをもち、背後に広がる細長い公園にとって優雅な背景を形成している。8階レベルにはこのファサードの曲面に沿って幾何学的に美しく植栽されたスカイテラスがあ

り、その下に展開している公園と連続させたイメージをつくり出そうとしているようにみえる。ウッドデッキによって仕上げられたビューイング・プラトーは極めて広く、そしてきれいに刈り込まれた自然の緑の壁によって縁どられており、このファサード沿いに公共のエントランスと軽食コーナーがおかれている。このデッキでは、メディアコープの週末のイベントだけではなく地域のコミュニティにかかわるようなレクリエーション的な活動が、隣接する公園と連携させながら行えるようになっている。観察力の鋭い人であれば、突然の降雨や焼けつくような日射しといった熱帯気候に対応するために必要なアーケードやオーニングが、このファサードの幾何学的分節の中に巧みに組み込まれていることにすぐに気づくことだろう。

槇の建築に洗練された優雅さを与えている材料と形態のコントロールにおける厳密さをこの建物の植栽の選定と取扱いにもみることができる。

おそらくシンガポールの熱帯気候より豊かな植生という条件が与えられたことによって、コントラストを強調し、熱帯に適応した新たな槇の美学がかたちづくられたのではないだろうか。

機能的な舞台

プログラムを3つの特徴的建築形態に組織化しているのであるが、それらは独立して機能することも、また協調しながら機能することもできるように巧みに計画されている。ほとんどの人にとってはみる機会はないのであるが、ビューイング・プラトーの下部のサービス道路がブロードキャスト・シアターと3つの主要な放送スタジオの裏方を支えており、セキュリティでガードされた垂直動線によって放送センターや上階のコーポレートオフィスへアクセスすることができる。この複合建築には少なくとも3つの異なるエントランス領域がある。第1は放送センターとオフィスへの管理されたアクセス、第2はメディアギャラリー、そして第3はブロードキャスト・シアターである。

特に目的もなくぶらっとやって来た人々や公園を訪れた人々にとって、最も使う機会の多いエントランスはビューイング・プラトーからメディアギャラリーへのエントランスであり、そこにある「スターズ・カフェ」ではメディアのスターやセレブたちをみかけ、時には少しおしゃべりをしたりすることもできる。ここで槇は形式的な舞台を超えた、一般の人々とセレブたち全員が俳優となるような真の舞台をつくり出している。一般の来訪者はここからスタートしてツアー専用の目立たないルートをたどり、放送センター内のプロダクション施設やその運営の様子、700人のジャーナリストがデジタル上の、あるいはテレビ、ラジオ、出版のためのコンテンツをつくり出している現場、そしてデジタル技術で統合されたニュースルームの様子などをみることができるようになっている。

コンサートを聴きに来る人々のために、ブロードキャスト・シアターは他の機能とは独立して運営できるよう配慮されている。車寄せとタウンステージの両方からアクセスできるようになっており、フュージョノポリスの建築群への美しい眺望を楽しみながら、2層吹抜けの丁寧にデザインされたプロポーションをもつロビーとギャラリーを通り抜けて、放送設備とフライタワーを統合させた最先端のシアターへと歩みを進めることになる。多様なイベントの要望に対応させるためにある程度の妥協は必要であったが、このシアターはミュージカル、演劇、コンサート、バラエティ・ショー、フェスティバルといった様々な催しを開くことができる。

最も劇的な空間をもつプログラムは飛行機の翼の平面形をもつコーポレートオフィスである。9階から12階までの4層を占め、他のプログラムの上部に浮いているこのブロックは多くの面で革新的である。その圧倒的な大きさと大胆な構造システムによって、コーポレートオフィスは極めて印象的である。敷地の長さいっぱいに広がったそのブロックは最も広い部分で幅約65mで、一方の端はキャンティレバーで浮いており、スーパーストラクチャーのコアから66mの距離でシアター上部に楽々と浮いているようにみえる。もう一方の端部は放送センターの上にそっと載せられている。このふたつの表情がAYEからみたときの特徴的なシルエットを形成しているのである。

コーポレートオフィスの空間は120m×35mという大きさの巨大な4層吹抜けの中央アトリウムを中心に形成されており、連結するブリッジや階段によって特徴づけられる。外部は熱帯の強烈な日射しで眩しくてもアトリウム内部は5つの円錐形のトップライトによるやわらかく美しい自然光によって照らされていて、この会社で働く2000人の人々によって共有され、極めてフレキシブルに使えるように工夫されている。おそらくこれが槇の究極の「シティルーム」なのである。

連結するブリッジは、それが結びつけているフロアプレートと同様にRGBカラーモデルをベースとしたカーペットで仕上げられている。これらのカラフルなブリッジがアトリウムを横切ることによる視覚的ダイナミズムは、吹抜けの高さを斜めの方向にアトリウムの奥深くに向かって一直線に上っていく階段によってさらに強調されている。たとえば、MIT新メディア研究所のようなこれまでの作品の中で、槇は同様な試みをしていたことを思い出すのであるが、この巨大なシティルームの中でブリッジや階段がもたらす視覚的インパクトは、おそらく槇の他の作品では実現できなかったものなのではないか。

シティルームを中心として構成されたコーポレートオフィスの配置とデザインは、テオ・ミン・キアン会長が述べたように「視聴者やパートナーとどのように働きかかわっていくのかを一変させ」「会社が出資者へよりよい方法で報いることができるような、協調的で革新的な社風を育てる」ような新しい働き方をもたらすだろう。このような協調的オフィス空間の中ではホット・デスキングのために個人の机は割り当てられておらず、スタッフの間で知識や創造性を共有し、交流を深めることを促している。多くの人々がスナックや飲み物を提供してくれるカフェのあるブリッジやアトリウムに集まって議論をしている。

アトリウムの一方の端の近くには段状で親しみやすく、人が集まりやすい場所があり、アトリウムの空間を下の階に向かって斜めにつなげており、視覚的には建物の領域を超えてアトリウムを公園にまでつなげている。この小さな段状の劇場は機能的には小さなイベントができるにすぎないが、アトリウムが公園と空をつなぐような役割をもつことでアトリウムに空間的興味と多様性を与えている。小さいけれども、空間的にも視覚的にも絶妙なデザインだといってよい。

メディアポリスの先陣としてメディアコープ・キャンパスは先頭を疾走する船のように建っており、極めて大きな存在感と永続性を感じさせている。ビーズブラスト仕上げによるステンレス切り板によって仕上げられた外壁はかすかに輝きながら、移り変わる周辺の景色と空を極めて微妙に反映させる。槇は「理解できる」と同時に「イメージできる」都市複合体をつくりあげたのである*3。彼は特筆すべき都市戦略と連結をつくり出し、喜びに満ちたインテリア空間を創造し、メディアコープにとって強力な企業アイデンティティを確立させた。このように制約の多い敷地や複雑なプログラムを考えると、見事な作品としかいいようがない。こうした複雑なプログラムという条件を逆手にとった絶妙なデザインが新たな価値を生み出したのである。

*1 Maki, Fumihiko. Investigations in Collective Form. St. Louis: School of Architecture, Washington University, 1964, p.19
邦訳:槇文彦『集合体に関するノート』中村研一訳、ja-1994-4、新建築社、1994、p.261
*2 Ibid., p.6、邦訳:同上、p.256
*3 Ibid., p.34、邦訳:同上、p.269

Shenzhen Sea World
Culture and Arts Center | 2017
深圳海上世界文化芸術中心

深圳市の西端、香港から本土への入口となっている蛇口エリアの「海上世界」地区は招商局グループによって開発され、業務、商業、住宅などの機能が45万㎡のエリアに展開している。2011年の末に、我々は招商局から海上世界地区における開発の核となる文化施設の設計を依頼された。これは我々にとって中国での最初のプロジェクトである。

敷地は北に大南山を控え、南には蛇口湾を通して香港への雄大な眺望が開かれている。招商局の象徴の船でもある明華号のある海上世界広場から海へとつながる女神公園に面しており、豊かな緑に恵まれた環境である。

この文化芸術中心では美術館とその支援施設、そして商業施設とを一体的にまとめるという建築プログラムが与えられた。美術館部分は、ロンドンのヴィクトリア&アルバート博物館によるギャラリーや著名なアンティークコレクターの馬未都氏による観復美術館など、複数のギャラリーの複合体である。支援施設として講堂、多目的ホールが設けられている。一方、商業施設部分にはレストランやカフェ、文化的活動に関連した商業空間などが納められている。

我々は敷地の環境を生かして山、海、そしてまち・公園の3方向へと強いつながりを示唆するような形態を構想した。まちと海に向かうふたつの大階段によって結ばれた立体的なランドスケープをポディアムとして、その上に講堂、レストラン、多目的ホールの3つのパビリオン

が放射状の配置で象徴的に載せられた構成である。人々が気軽に立ち寄ることのできる文化的情報を発信する拠点として、求心性と遠心性が共存する空間を創出している。女神公園側と屋上庭園に展開する回遊性のあるランドスケープによって、敷地全体が一体となって様々なアートの展示やイベントに利用されることが期待されている。

ポディアム部分には、ほぼ同面積の美術館と商業施設のそれぞれを機能的に成立させながら一体の建築として統合するために3つのプラザ（吹抜け空間）が設けられている。各プラザをつなぐ立体的な回遊動線は、各階でふたつの大階段と接続し、さらに3階レベルの中庭を通して屋上庭園へとつなげられている。こうして生み出された多様な視線の構造は、来館者が思いがけなく文化やアートと出会うような多様な体験を提供し、建築全体を空間的にも視覚的にも統合するものとなる。屋上庭園から望む香港島と蛇口湾への眺望は空間のシークエンスのクライマックスとなる。

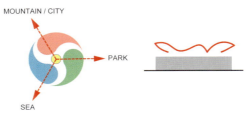

THREE DIRECTIONS AND VIEWS — MOUNTAIN / CITY, PARK, SEA

PODIUM & PAVILION

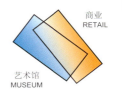

MUSEUM VS RETAIL — 艺术馆 MUSEUM, 商业 RETAIL

OPEN LANDSCAPE

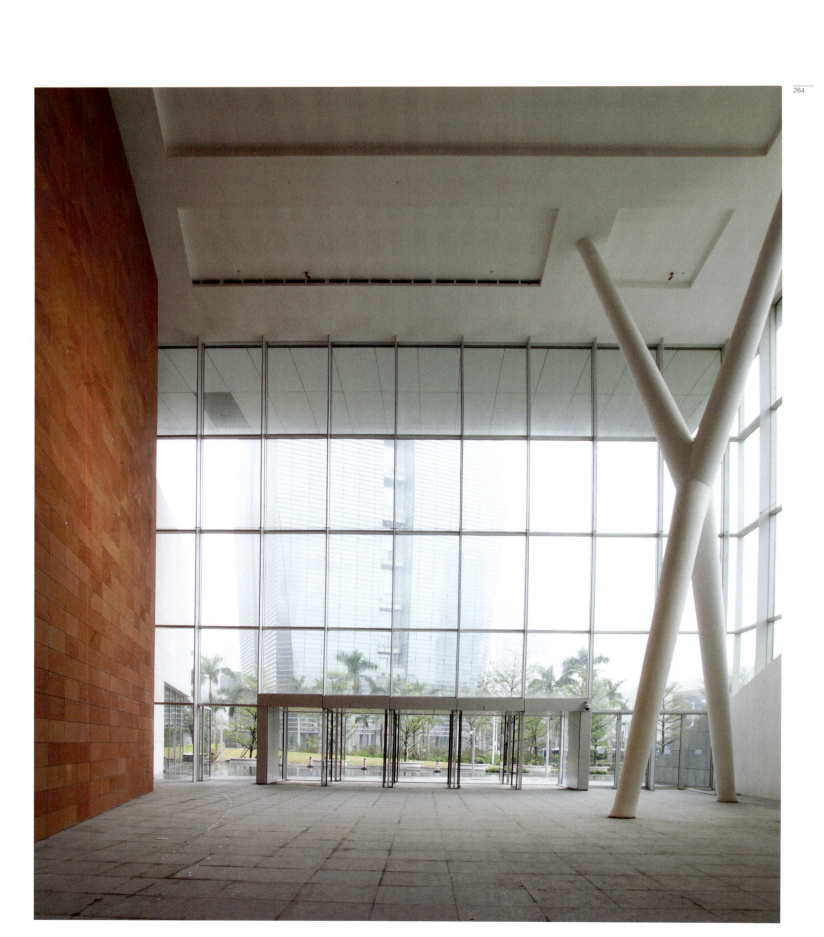

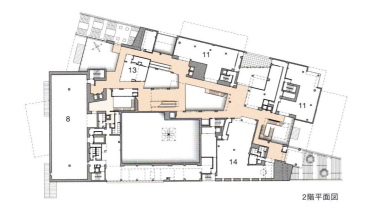

2階平面図

4階平面図

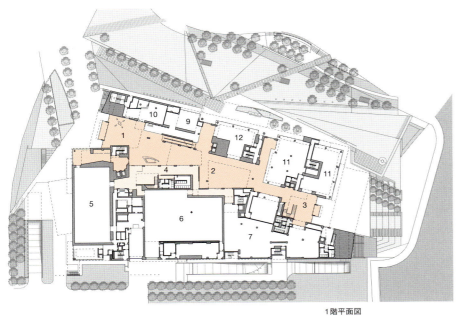

1階平面図

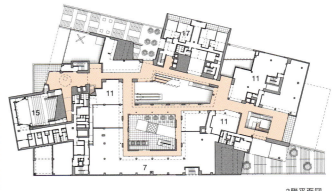

3階平面図

S=1/2000

1 カルチャープラザ 10 ミュージアムショップ
2 セントラルプラザ 11 店舗
3 ウォーターフロントプラザ 12 カフェ
4 美術館入口 13 ワークショップ
5 V&Aギャラリー 14 デザインセンター
6 メインギャラリー 15 劇場
7 ギャラリー 16 多目的ホール
8 2Fギャラリー 17 レストラン
9 パークビューギャラリー

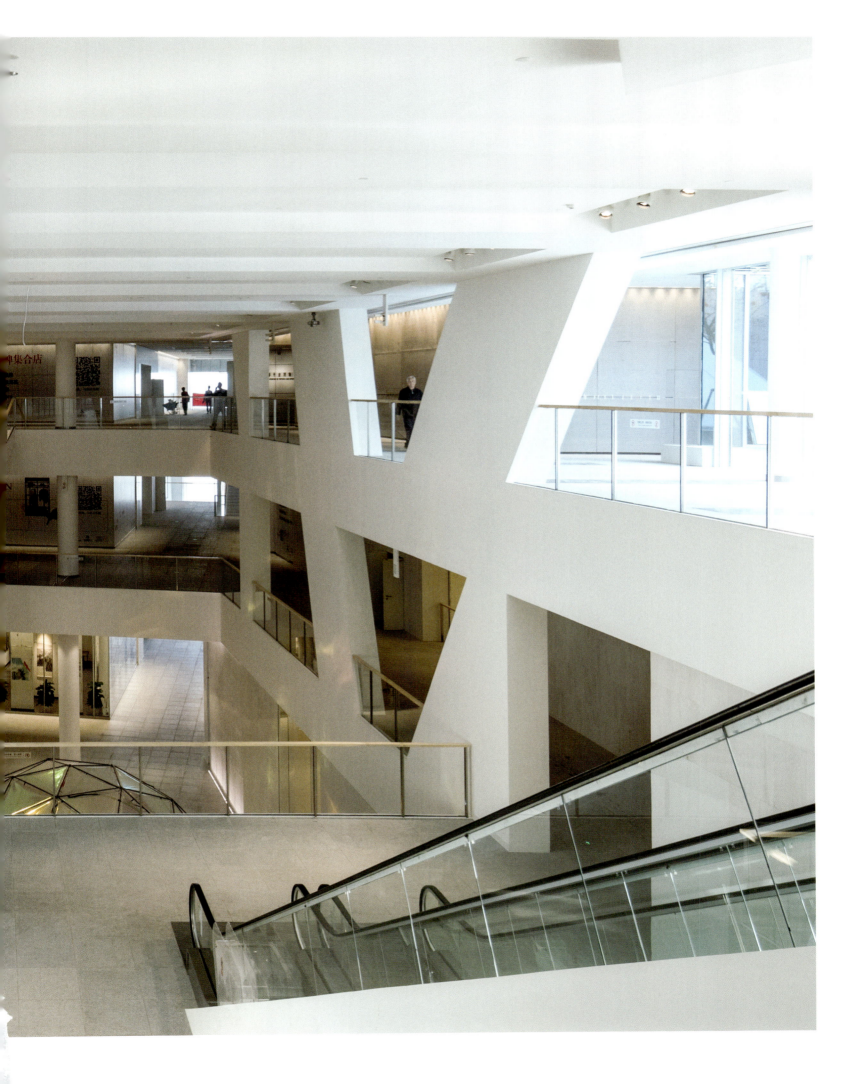

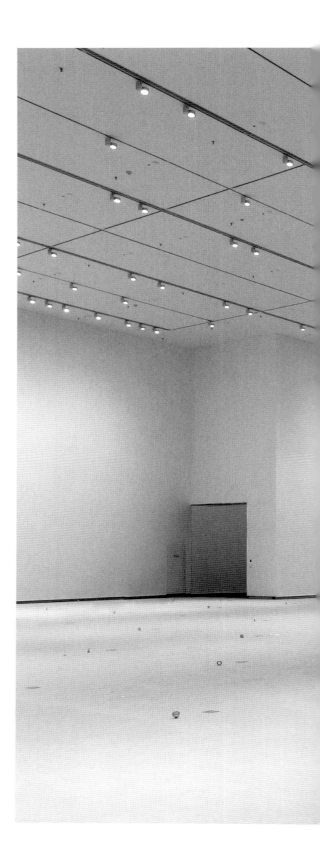

(上)メインギャラリーではスカイライトからの光が十字柱に沿って射し込む。
(左)2層吹抜けの美術館入口は4つのギャラリーをつなげ、多様な展示にも利用できる空間である。

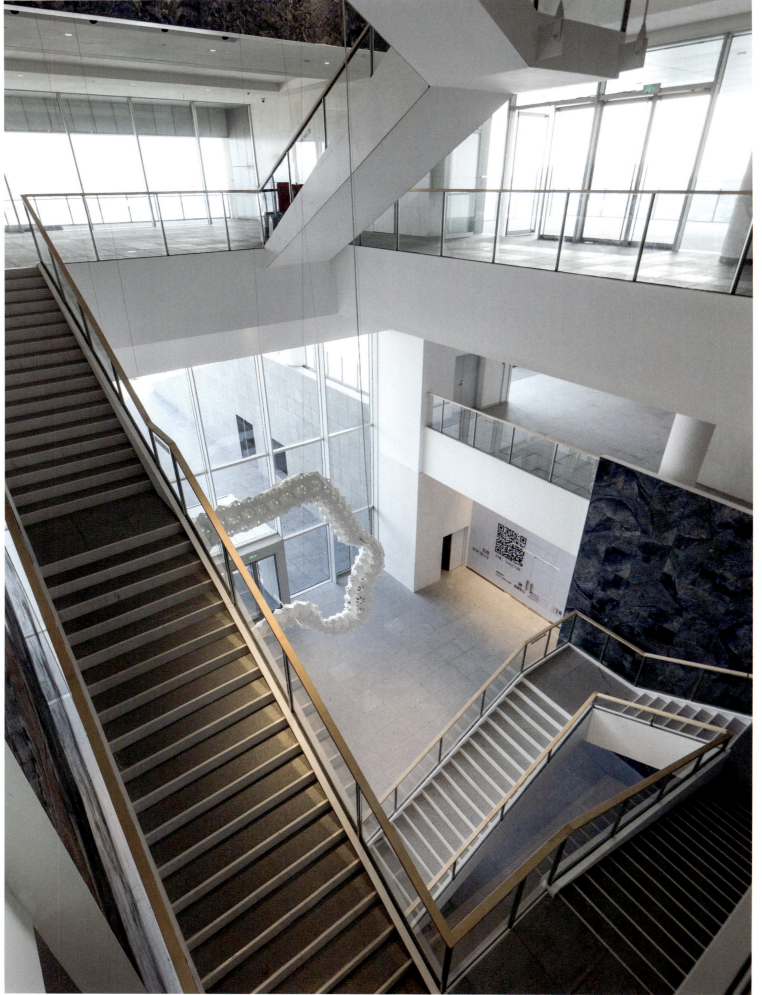

The Bihar Museum | 2017
ビハール博物館

インドの東部、ビハール州の州都パトナは古代インド世界の中心都市のひとつであり、マガタ国の首都パータリプトラの時代から脈々と続く歴史を受け継いでいる。2011年に行われた国際オープン設計競技において、我々は新たなビハール博物館の設計者として選定された。この博物館はこの地域に豊富にある貴重な出土品や彫刻を納め、さらにビハールの歴史とインド亜大陸の文明に関して展示するものである。
ベイリー通りに沿った5.3haという広大な敷地は、豊かに成長した樹木に恵まれ、低層規模の周辺部とともに穏やかな環境を形成していた。ここで我々はひとつの強い形態ではなく、環境に調和した「キャンパス」としての博物館を構想した。各機能に対応した施設がそれぞれ控えめでありながら力強い表情をもち、内部空間と外部空間が相互に連携し、建築群としての象徴性をつくり出すことをめざした。
エントランスとイベント・スペース、展示室、管理部門、そして児童と教育部門のそれぞれに、建物群の中で明確な存在感と独自の形態が与えられている。これらのゾーンはいくつもの中庭や回廊によってつなぎ合わされ、内部空間に周囲のランドスケープとの強い連続感を確保しながら、年間を通じて快適な環境をつくり出している。来館者が回遊しながら展示を鑑賞する中で、内部空間と外部空間が交互に展開するシークエンスを体験し、インドの歴史と自然を実感できる空間構成としている。既存の樹木を生かした

中庭や敷地全体に広がるランドスケープは、季節によって変化し、訪れるたびに異なる豊かな体験を提供する。
キャンパスに展開する建築群はコールテン鋼やテラコッタ、淡い色彩の砂岩そして黒い花崗岩の外装によって統合されている。製鉄がインドの歴史において伝統的な業績であるだけでなく、現代もインドが鉄鋼業界で国際的に重要な存在であることを象徴して、耐久性のあるコールテン鋼が採用された。豊かな緑と調和しながらも存在感を示すその素材は、インドの過去と未来を結ぶ建築の姿を特徴づけている。
2017年10月の開館以来、1日3000人もの来館者があると聞く。質の高い常設および企画展示とともに、このビハール博物館がビハールの子供たちや世界各地から訪れる来館者にビハールの文化を示し、豊かな文化的体験を提供することが期待されている。

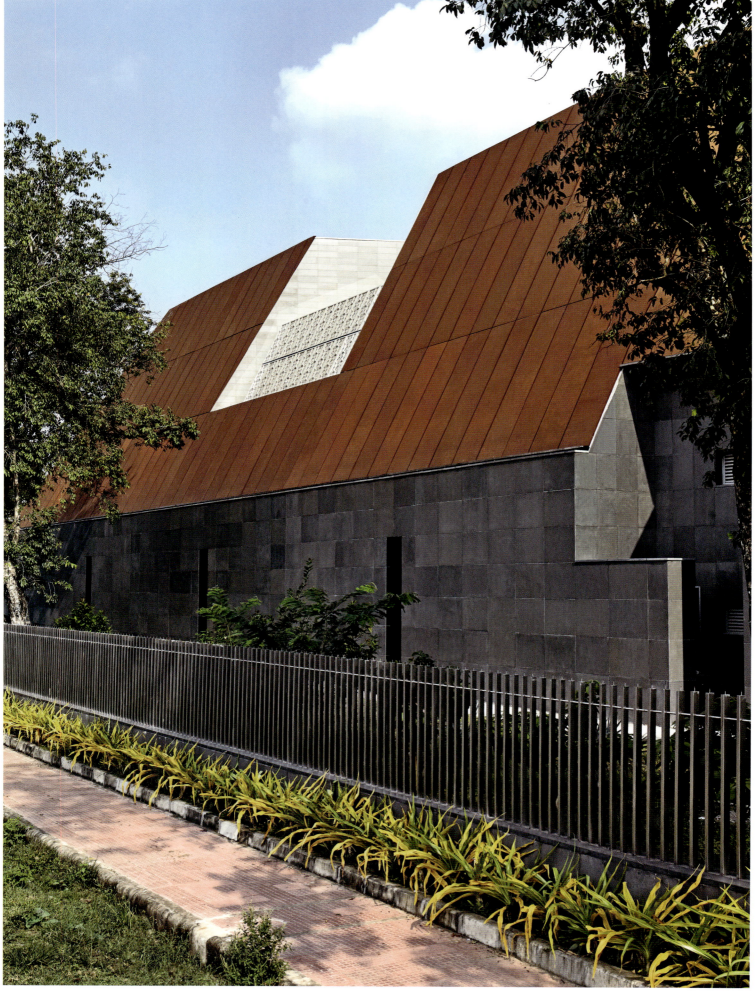

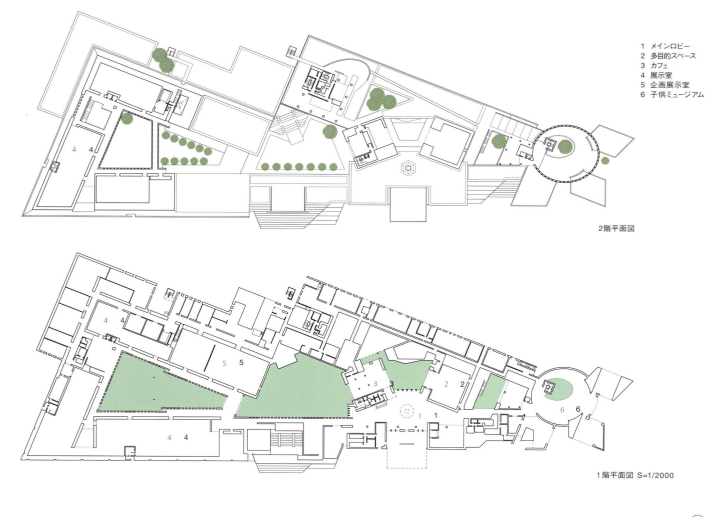

1 メインロビー
2 多目的スペース
3 カフェ
4 展示室
5 企画展示室
6 子供ミュージアム

2階平面図

1階平面図 S=1/2000

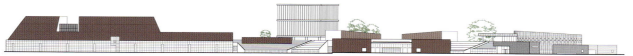

立面図 S=1/2000

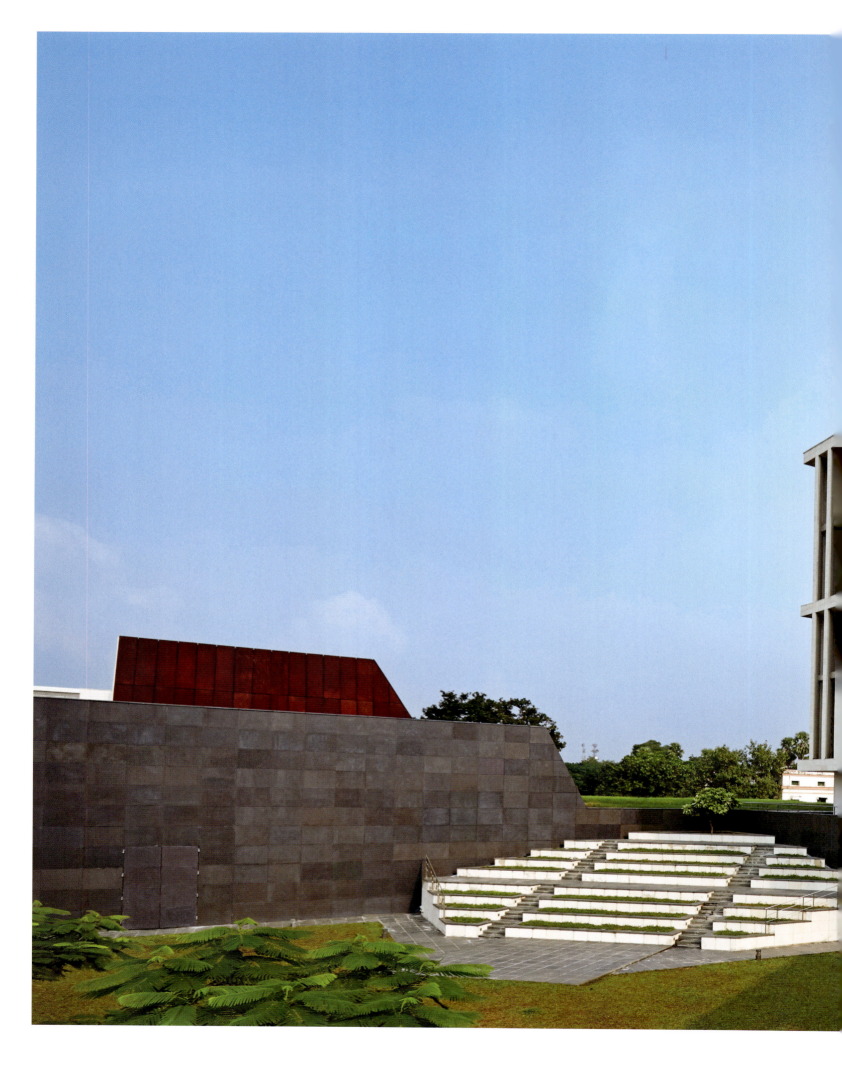

中庭に面した外壁はライムストーンで仕上げられ、
外部から切り離された別世界をつくり出している。

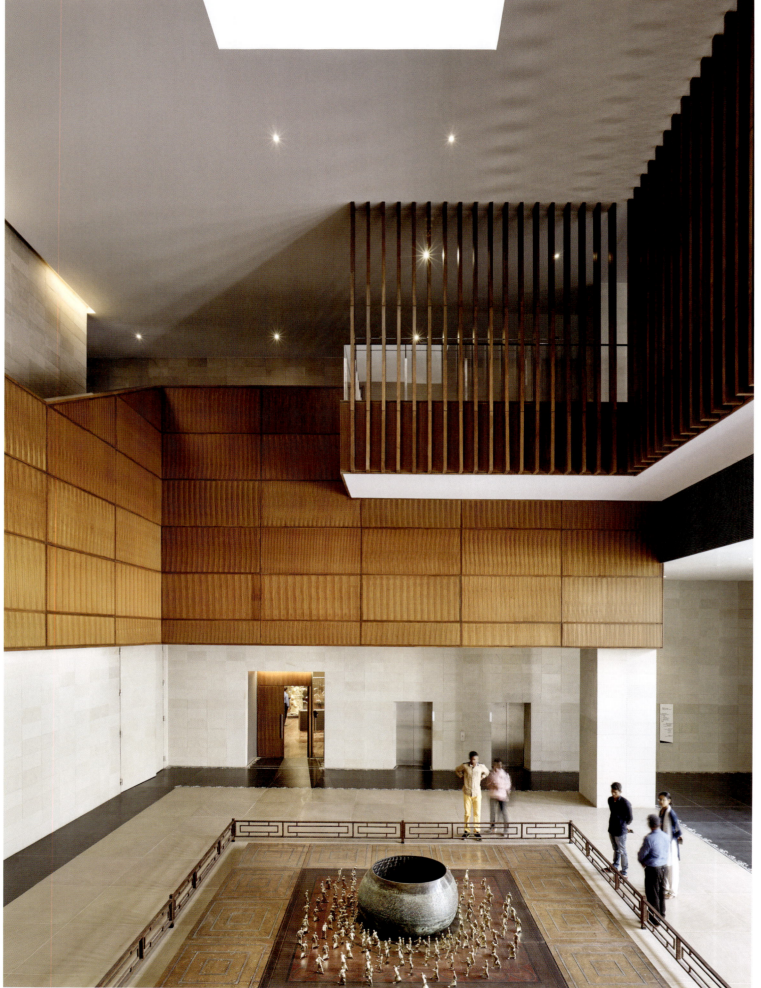

(上) 回廊の列柱が深い陰影を生み出し、赤いトラバーチンの壁に中庭の風景が写り込む。
(左) 2層吹抜けのラウンジにはスカイライトからの光が射し込み、回遊動線のハブとなる。

進行中の作品 In progress

Shibaura Area Redevelopment Project
芝浦一丁目計画

所在地：東京都港区
完成年：[1期]2024年、[2期]2030年
主要構造：鉄骨造、鉄筋コンクリート造、鉄骨鉄筋コンクリート造
階数：[1期]地下5階、地上46階／[2期]地下5階、地上47階
敷地面積：40,000㎡
延床面積：550,000㎡

芝浦一丁目計画は、浜松町ビルディング（東芝ビルディング）およびカートレイン乗降場跡地を一体とした4haを超える敷地に、約10年の期間をかけてオフィス、ホテル、住宅、商業施設等からなる大規模複合施設を段階的に整備する計画である。2015年に建築設計プロポーザルが実施され、槇総合計画事務所案が選ばれた。
敷地は、様々な交通網が行き交い、2方向が古川と芝浦運河に面するといった、非常に動きを感じられる場所である。また、すぐ近くには旧芝離宮恩賜庭園や旧浜離宮恩賜庭園があるため、その伝統を引き継ぎ、この計画地を時を経ても変わらない3つのテーマである水・緑・広場が主体となった第3の庭園として考えている。

芝浦運河沿いは、全域にわたりカスケードやテラスを配置し、水に近づくことができる親水空間としている。また、ツインタワーの中心にセントラルプラザを設けることで、カートレイン乗降場跡地に計画している緑地空間と親水空間をつなぎ、この計画地に訪れる様々な人々のアクティビティを創出する。
低層部の賑わいある風景を空に投影したような動きのあるツインタワーは、みる場所によって変化に富んだスカイラインを形成するよう計画している。

New Yokohama City Hall
横浜市新市庁舎

槇文彦はデザイン監修者として、槇総合計画事務所は設計者の一員として参加した、横浜市市庁舎移転新築工事の「高度技術提案（設計・施工一括）型総合評価落札方式」（いわゆるデザインビルド）において、竹中・西松建設共同企業体が2016年に受注した。
横浜アイランドタワーの西側に位置する敷地に建つ新市庁舎の高層部は、垂直性を強調し、環境性能を兼ね備えた白いファサードにより、生糸の輸出で栄えた横浜を象徴するとともに、隣接するアイランドタワーや周辺建物との群造形を表現している。まちがそのまま入り込んだようなオープンな雰囲気の低層部は、歩行者が内外に渡って回遊することができ、市民の様々な活動を支えるためのパブリックスペースとしている。

所在地：神奈川県横浜市
完成年：2020年
用途：市庁舎
主要構造：鉄骨造、鉄筋コンクリート造、鉄骨鉄筋コンクリート造
階数：地下2階、地上32階
敷地面積：13,142m²／建築面積：7,938m²／延床面積：142,621m²
デザイン監修：槇文彦
設計・監理：竹中工務店・槇総合計画事務所・NTTファシリティーズ

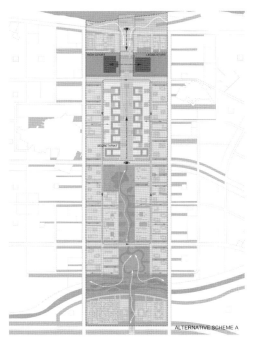

ALTERNATIVE SCHEME A

所在地：インド・アンドラ・プラデシュ州アマラバティ
コンペ実施年：2016年
主要構造：鉄筋コンクリート造、鉄骨鉄筋コンクリート造、鉄骨造
敷地面積：マスタープラン全体3,672,500㎡（裁判所棟121,400㎡、
　　　　　議会棟101,200㎡）
建築面積：裁判所棟23,685㎡、議会棟18,023㎡
延床面積：マスタープラン全体1,458,516㎡
　　　　　（裁判所棟55,753㎡、議会棟30,110㎡）

Amaravati Government Complex Competition
アマラバティ新首都計画案

インド東南部のアンドラ・プラデシュ州は、新州都としてアマラバティを制定した。アマラバティ・ガバメント・コンプレックスはその新州都開発の起点となるプロジェクトである。その中心施設を含むマスタープランの国際招待コンペが2016年3月に実施され、槇総合計画事務所案が最優秀案として採択された。

敷地はビジャヤワダ市の東側、クリシュナ河に北面する南北4km×東西1kmの範囲である。このコンプレックスは、州議事堂・州政府行政棟・高等裁判所の三権施設をはじめとして、多くの関連官庁および住居群により構成され、そのすべてが広大なランドスケープと道路交通網により一体化されている。

都市デザインおよびランドスケープデザインにおいては、ヒューマンスケールでクリシュナ河と周辺街区へと連続する開かれた都市をつくり出すよう配慮している。明快な機能的ゾーニングによって諸施設を配置しながらも、クリシュナ河から連続する多様な広場の連携したランドスケープがそれらのゾーンを中心軸として統合することで、生き生きとした公共性を有するコンプレックスをつくりあげている。

所在地：イギリス・ロンドン・キングスクロスR1
完成年：2018年
主要構造：鉄筋コンクリート造、鉄骨造
階数：地下2階、地上10階
敷地面積：1,170㎡
建築面積：1,170㎡
延床面積：11,180㎡

Aga Khan Centre
アガ・カーンセンター

この建物はロンドン、キングスクロス再開発の中心にあるキュービットパークに面した好立地に計画されている。イスラム教のイマームであるアガ・カーンが設立したAga Khan Development Networkによる教育施設で、現在、市内の別の場所にある既存のThe Aga Khan University Institute for the Study of Muslim CivilizationsとThe Institute of Ismaili Studiesのふたつの大学とAKF(アガ・カーン財団)が移設される。1階にはテナントと多目的室が入り、2階から上は9層吹抜けのアトリウムを中心に、大学の教室が2層、図書室が2層、オフィスが4層、会議室階が1層、積層している。アトリウムがそれらの機能をつなぎ、視覚的にも一体感を生み出している。

外観は、ロンドンにある重要な建築の構成と同様に、ベース、ピアノノービル、クラウンの3層構成になっている。ピアノノービルは、ライムストーンと白いセラミックフリットが施された窓で構成されており、浮遊した白いボリュームとして感じられることを意図している。建物のニッチや屋上には様々な地域、中東、インド、マグレブ、ペルシャ、イベリアなどの多様なイスラムガーデンをテーマとした6つのガーデンが設けられている。現代的でイスラム世界の多様性を表現した建物になることが期待されている。

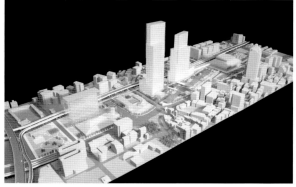

所在地：台湾台北市
完成年：2016年（駅部分）
主要構造：鉄骨鉄筋コンクリート造、鉄骨造
階数：[C1タワー]地上56階/[D1タワー]地下4階、地上76階
敷地面積：再開発地区全体約470,000㎡
　　　　　([C1敷地]13,078㎡/[D1敷地]18,515㎡)
建築面積：[C1敷地]約8,100㎡/[D1敷地]約11,400㎡
延床面積：[C1タワー]207,000㎡/[D1タワー]306,000㎡/
　　　　　[駅部分]40,000㎡
共同デザインアーキテクト[駅部分]：池田靖史＋IKDS

Taipei Main Station Area Redevelopment
台北駅再開発計画

これは、台北市の中心に位置しながら「永遠の工事現場」とよばれ続けてきた台北駅地区の大規模再開発計画である。台北駅と桃園中正国際空港とを直結する高速鉄道の建設計画に伴い、2005年7月に国際コンペが催され、槇文彦（CECI＋Maki and Associates＋JJPP）チームの案が採用された。47haに及ぶ広大な敷地に、空港線地下駅と商業、オフィス、ホテルの複合超高層建築に加え、周囲の歴史的建造物保存を含めた景観デザインがなされている。地下ホームから地上2階までには5層に及ぶStation atriumが設けられ、この上に240mの高さのC1タワーと、320mの高さのD1タワーのふたつのタワーが計画されている。タワーは胴部と頭部からなり、各々台北のふたつの重要な都市軸を立体的に反映して、約15度の角度で振られている。これらふたつの重要な都市軸の反映は、本計画を貫くデザインコンセプトであり、タワー足元においてはLinear Forestとしてランドスケープの骨格となっている。2016年3月には、地下駅舎部分が先行してオープンしている。

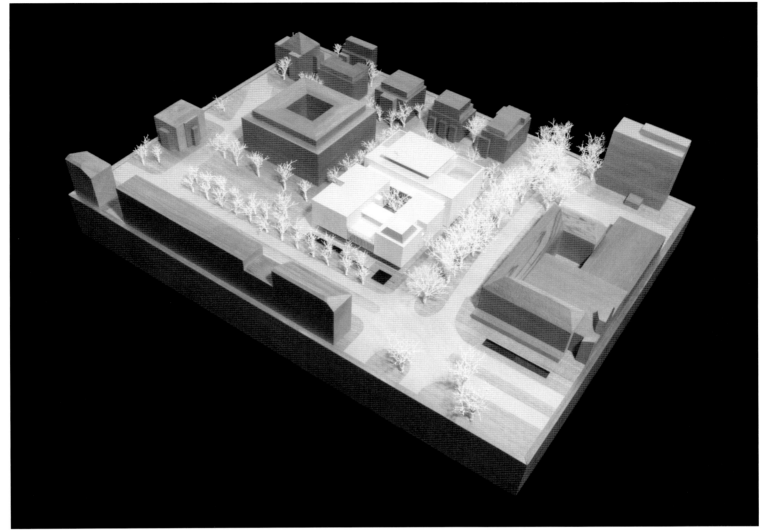

所在地：ドイツ・
ヘッセン州ヴィースバーデン
完成年：2021年
階数：地下1階、地上3階
敷地面積：5,685㎡
建築面積：2,875㎡
延床面積：8,910㎡

Reinhard Ernst Museum
ラインハルト・エルンスト美術館

敷地はフランクフルトの中心部から西に車で30分ほどのヴィースバーデン市にあり、19世紀に栄えたまちの骨格をなす主要なふたつの通り、ウィルヘルム通りとフランクフルトにつながるライン通りの交差点にある。

建物はエルンスト財団のプライベートミュージアムであり、所蔵している1900年代中期以降の抽象絵画を展示するために計画された。建築それ自体が市民に親しまれる姿となるよう、その形態は古い建築が残るまち並みのスケールに呼応して3つのボリュームで構成され、周辺の建築と軒の高さや壁面線を調整している。

主なプログラムは、常設展示室のほかに企画展示室、多目的ホール、子供のワークショップスタジオ、カフェ、ミュージアムショップなどであり、中央部の展示コートを囲んで各室を配置している。この展示コートは諸室を関係付けるだけでなく、彫刻の展示とともに、それ自体が抽象的な作品にもみえるよう計画された。1階にはまちとの連続性をもたせて市民が気軽に利用できる空間を、上階には展示ルートの合間に展示コート、彫刻テラスやまち並みへの眺望が楽しめる場所を設けて、まちに開かれた美術館をめざしている。

所在地：長野県長野市
完成年：2015年（建築部分）、2018年（外構）
主要構造：鉄筋コンクリート造、一部鉄骨鉄筋コンクリート造、
　　　　　鉄骨造、免震構造
階数：地下2階、地上8階
敷地面積：13,004㎡
建築面積：5,922㎡
延床面積：28,505㎡

Nagano City Hall and Performing Arts Center
長野市第一庁舎・長野市芸術館

敷地は長野市の都市軸のひとつである大通りに面しており、通り沿いの軒の高さを抑え、ファサードの分節化によってヒューマンスケールのまち並みの形成をめざしている。通りからは中の様子が垣間見え、また室内からは広場の緑やまちの風景が望める開放的な設えであり、建築の内と外で「みる-みられる」の関係性をつくっている。周辺の公共建築の敷地を含めた整備を念頭におき、このエリア一帯を緑豊かで落ち着きのある「現代の境内」のような外空間として整備していく計画である。

建物は庁舎とホールの複合施設であり、合築の相乗効果によってより賑わいが生まれるよう、中央に置かれた中庭に沿って連絡路を設け、相互に利用可能な構成である。両者は庭をはさんで連携する一体の施設であり、屋根型、素材、色などの要素を共有する一方、ホールと庁舎では内包する空間の質や機能が異なっており、このような特性の違いが外観にも写し出されている。

芸術館には、音楽を主目的とする1300席の大ホール、生音の響きを重視した300席の音楽専用ホール、それに演劇を主体とするスタジオ型の小ホールというように特性を明確にした3つのホールと、市民の芸術活動を支援する練習室や制作室などが納められている。

Miraisozojuku
未来創造塾

慶應義塾大学湘南藤沢キャンパスは開設以来、極めて先進的な教育研究の推進に取り組んできた。未来創造塾の構想は、これに加えて滞在型の教育・研究拠点を新たに創設し、次世代の人材育成をめざすものである。未来創造塾の全体計画は、既存のキャンパスのコンセプトを継承し、中低層の建築が分棟状に群立する集落型の構成である。木立の合間を抜ける緑道に沿ってレストランや交流ラウンジなど、まちに開かれた共用スペースを配する一方、レベルの異なる広場を囲んで、教育、研究施設群が並立し、緑道軸に対して広場軸を形成している。

所在地：神奈川県藤沢市
主要構造：鉄筋コンクリート造、鉄骨造
階数：地下1階、地上3-4階
敷地面積：18,690㎡
建築面積：3,344㎡
延床面積：9,852㎡
EAST街区設計：KMDW/小林＋槇デザインワークショップ

槇 文彦 プロフィール Profile

所属
日本建築家協会名誉会員
日本芸術院会員建築部門
ドイツ政府公認建築家
アメリカ建築家協会（AIA）名誉会員
王立英国建築家協会（RIBA）名誉会員
ドイツ連邦建築家協会名誉会員
アメリカ芸術・科学アカデミー（AAAS）名誉会員
欧州科学芸術アカデミー名誉会員
フランス建築アカデミー名誉会員
その他スコットランド、オーストラリア、メキシコ、
チェコ、台湾の建築家協会の名誉会員

受賞

国内賞
1963	日本建築学会賞
1969	毎日芸術賞
1973	文部大臣芸術選奨
1980	日本芸術大賞
1985	日本建築学会賞
1992	朝日賞
1998	村野藤吾賞
2001	日本建築学会大賞
2013	恩賜賞・日本芸術院賞

国際賞
1987	AIAレイノルズ賞
1988	シカゴ建築賞
1988	ウルフ賞
1990	トーマス・ジェファーソン建築賞
1993	プリツカー賞
	UIA（国際建築家連盟）ゴールドメダル
	プリンス オブ ウェールズ都市デザイン賞
1998	フランス芸術・文化功労勲章
1999	アーノルド・ブレンナー記念建築賞
	高松宮殿下記念世界文化賞
2011	AIAゴールドメダル

顕彰
1989	紫綬褒章
2007	旭日中綬章
2013	文化功労者

槇 文彦 -個人的活動

・新国立競技場と槇グループ（2013-2016）
槇がJIA MAGAZINEの2013年8月号にエッセイ「新国立競技場案を神宮外苑の歴史的文脈の中で考える」を発表し、その直後2020年オリンピック会場が東京で開催されるというIOCの発表がある。それをうけて、原案をコスト、技術、安全、景観上から見直すべく槇グループが形成され、2016年の政府による原案の白紙撤回までその行動を続ける。そのメンバーは槇文彦、元倉眞琴、山本圭介、古市徹雄、大野秀敏、中村勉。

・丹下健三の国立代々木競技場の世界遺産登録実現の活動。
2020年オリンピックまでの実現をめざす。丹下健三の母校である東京大学工学部建築学科をベースに隈研吾、藤井恵介、山名善之を中心とした世話人会を発足。その代表をつとめる。

・共感のヒューマニズムの建築をめざして
すでに『漂うモダニズム』のエッセイでも指摘しているように、モダニズムという船から大海原に投げ出された建築家たちにとって頼りになるひとつのうねりが共感のヒューマニズムではないかという確信に基づいての一連の活動。2017年秋に岩波書店から発刊された『残像のモダニズム』の副題でもある。また、この本の序文も、この命題にしたがって解説を展開している。この数年、国内外の講演の演題もこのテーマに沿ったものが多い。

略歴
1928	東京生まれ
1952	東京大学工学部建築学科卒業
1953	クランブルック・アカデミー・オブ・アート修士修了
1954	ハーバード大学大学院建築修士課程修了
1956-61	ワシントン大学建築学部准教授
1962-65	ハーバード大学デザイン学部准教授
1979-89	東京大学工学部建築学科教授
1965	槇総合計画事務所設立、代表として現在に至る

[2000年以降の主な著作、展覧会]

著書
2006	『ヒルサイドテラス＋ウエストの世界』、鹿島出版会
2008	*Nurturing Dreams: Collected Essays on Architecture and the City*, MIT Press, Cambridge
2013	『漂うモダニズム』、左右社
2015	『応答漂うモダニズム』、左右社
2015	『建築から都市を、都市から建築を考える』、共著：松隈洋 岩波書店
2017	『残像のモダニズム―共感のヒューマニズムを目指して』、岩波書店
2018	*Fumihiko Maki architecte au long cours*, 共著：Michel Thiolliere, ARLEA, Paris

作品集
2003	*The Architecture of Fumihiko Maki*, Jennifer Taylor, Birkhäuser, Basel
2008	『IN PROGRESS FUMIHIKO MAKI OVERSEAS —槇文彦 最新海外プロジェクト』、エーアンドユー
2009	*Fumihiko Maki*, Phaidon Press, London
2012	『POWER OF SPACE 槇文彦の近作2007-2015 a+u 臨時増刊』、エーアンドユー
2013	『槇文彦の建築（1960-2013）』、建築創作雑誌社
2015	『槇文彦＋槇総合計画事務所2015：時・姿・空間 ―場所の構築を目指して』、鹿島出版会

展覧会
2001-03	「モダニズムと風景の構築」（ロンドン、ベルリン、コペンハーゲン、パリ、東京）
2010	「槇文彦展 光、素材、情景」ヒルサイドフォーラム（東京）
2015	「槇文彦＋槇総合計画事務所2015：時・姿・空間―場所の構築を目指して」ヒルサイドテラス（東京）
2015	「建築家 槇文彦展-未来へのメッセージ 槇文彦＋槇総合計画事務所の50年」（大阪）
2017-18	「NURTURING DREAMS IN RECENT WORK」（深圳）
2019	「ヒルサイドテラス50周年記念展示会」ヒルサイドテラス（東京）

受賞プロジェクト Awards

[建築作品]	[竣工]	[受賞]	
名古屋大学豊田講堂	1960	1963	日本建築学会賞
	2007	1993	名古屋市都市景観重要建築物指定
		2003	DOCOMOMO Japan 100選
		2011	BELCA賞ベストリフォーム賞
		2011	登録有形文化財
		2012	公共建築賞・特別賞
		2013	日本芸術院賞・恩賜賞
立正大学熊谷キャンパス1-3期	1967	1969	毎日芸術賞
	1968		
国際聖マリア学園	1972	1973	せたがや界隈賞
大阪府臨海スポーツセンター	1972	1973	大阪府建築コンクール賞
		2016	DOCOMOMO Japan選
代官山ヒルサイドテラス	1969	1974	芸術選奨文部大臣賞
	1973	1980	日本芸術大賞
	1977	1993	プリンスオブウェールズ都市デザイン賞
	1992	2000	JIA25年賞
		2003	DOCOMOMO Japan 100選
トヨタ鞍ヶ池記念館	1974	1975	豊田市都市景観賞
慶應義塾図書館・新館	1981	1983	BCS賞
		1983	日本図書館協会建築賞
電通関西支社(旧:電通大阪市社)	1983	1985	BCS賞
		1985	大阪都市景観建築賞
藤沢市秋葉台文化体育館	1984	1985	日本建築学会賞
		1985	ふじさわ都市デザイン賞
SPIRAL	1985	1987	AIA レイノルズ記念賞
		2012	JIA25年賞
京都国立近代美術館	1986	1987	京都美観風致賞
		1988	BCS賞
		1992	公共建築賞建設大臣表彰
TEPIA	1989	1990	BCS賞
幕張メッセ 日本コンベンションセンター	1989	1990	日本建築学会霞ヶ関ビル記念賞
		1991	BCS賞
		1991	千葉市優秀建築賞
		1993	公共建築優秀賞
		1993	IAITAクォーターナリオ賞
富山市民プラザ	1989	1991	BCS賞
		1991	中部建築賞
		1993	公共建築賞建設大臣表彰
慶應義塾湘南藤沢キャンパス	1990	1991	緑のデザイン大賞
	1991	1992	ふじさわ都市デザイン賞
	1992	1992	神奈川県建築コンクール賞
	1994	1994	インテリジェントアワード建築大臣賞
		2016	JIA25年賞

[建築作品]	[竣工]	[受賞]	
東京体育館	1990	1991	BCS賞
		1993	公共建築優秀賞
ノバルティスファーマー筑波総合研究所	1993	1994	BCS賞
イエルバ・ブエナ芸術センター	1993	1994	AIAサンフランシスコ公共建築賞
中津市立小幡記念図書館	1993	1995	日本図書館協会建築賞
霧島国際音楽ホール	1994	1995	照明学会優秀施設賞
		1996	BCS賞
イザール・ビューロ・パーク	1995		ドイツ芸術文化賞
東京キリストの教会	1995	1997	BCS賞
福岡大学60周年記念館	1996	1997	福岡市都市景観賞
		1998	BCS賞
風の丘葬祭場	1997	1998	村野藤吾賞
		1998	BCS賞
		2002	公共建築優秀賞
幕張メッセⅡ期・北ホール	1997	1998	千葉市優秀建築賞
		1998	千葉県建築文化賞
		1999	BCS賞
名取市文化会館	1997	1999	東北建築賞
富山国際会議場	1999	2000	中部建築賞
		2000	富山市都市景観建築賞
福島県男女共生センター	2000	2002	BCS賞
		2002	東北建築賞
福井県立図書館・文書館	2002	2003	中部建築賞
		2005	福井市都市景観賞
国立国語研究所	2004	2005	グットデザイン賞
島根県立古代出雲歴史民俗博物館	2006	2008	しまね景観賞
シンガポール理工系専門学校キャンパス	2007	2006	BCA Green Mark Awards Platinum
		2009	President's Design Award Design of the Year 2009
ペンシルバニア大学アネンバーグ・パブリックポリシーセンター	2009	2010	AIA フィラデルフィア名誉賞
		2010	AIA ペンシルバニア優秀賞
		2010	IESNA Illumination賞
三原市芸術文化センター	2007	2010	BCS賞
		2012	公共建築優秀賞
岩崎美術館	1978	2011	JIA25年賞
国際仏教学大学院大学	2010	2011	文京区都市景観賞
		2014	BCS賞
前沢ガーデンハウス	1982	2012	JIA25年賞
イズマイリ・イママット記念館	2008	2012	Governor General's Northern Medal
マサチューセッツ工科大学新メディア研究所	2009	2012	Harleston Parker Medal
東京電機大学東京千住キャンパス	2012	2013	BCS賞
		2013	照明学会照明デザイン賞
		2013	サステイナブル建築賞
		2014	環境・設備デザイン賞
4ワールド・トレード・センター	2015	2013	IAA Annual Prize
		2014	AIA ニューヨーク名誉賞
			International Highrise Award 2016
千葉大学ゐのはな記念講堂	1963	2014	千葉市都市文化賞
		2016	BELCA賞ロングライフ部門
加藤学園初等学校	1972	2014	JIA25年賞
アガ・カーンミュージアム	2014	2014	Azure Award
		2016	Design Excellence award
静岡市清水文化施設	2012	2015	BCS賞
町田市新庁舎	2012	2016	公共建築優秀賞
メディアコープ キャンパス	2015	2017	BCA Award EXCELLENCE Award

掲載プロジェクトデータ
Project data

プロジェクト名/Project name
1. 所在地
   Location
2. 敷地面積
   Site area
3. 建築面積
   Building area
4. 延床面積
   Total floor area
5. 主要構造/規模
   Structural system/Stories
6. 協力事務所
   Collaborating architect/Architect of record
7. 構造設計
   Structural engineer
8. 設備設計
   Mechanical/Electrical engineer
9. その他のコンサルタント
   Other consultants
10. 施工者
    Contractor
11. 完成年
    Completion year

セントルイス・ワシントン大学 サム・フォックス視覚芸術学部/
Washington University in St. Louis Sam Fox School of
Design & Visual Arts

1. アメリカ セントルイス
2. 113,334sf
3. [ケンパー美術館] 32,511sf
   [ウォーカーホール] 12,588sf
4. [ケンパー美術館] 67,203sf
   [ウォーカーホール] 33,538sf
5. 鉄骨造、鉄筋コンクリート造/地上3階
6. Shah Kawasaki Architects
7. Jacobs Facilities
8. William Tao & Associates
9. 照明:Horton Lees Brogden Lighting Design
   サイン:Mgmt Design
   ランドスケープ:Austin Tao & Associates
   土木:Kuhlmann Design
   法規:Code Consultants
10. McCarthy Construction
11. 2006

トライアド/TRIAD

1. 長野県 穂高町(現・安曇野市)
2. 71,377m²
3. [研究棟] 743m² [ギャラリ棟] 372m² [守衛所] 33m²
4. [研究棟] 712m² [ギャラリ棟] 354m² [守衛所] 33m²
5. [研究棟] 鉄骨造トラス併用ラーメン構造、シェル構造、鉄筋コンク
   リート造/地上2階
   [ギャラリー棟・守衛所] 鉄筋コンクリート造/地上1階
7. 構造設計工房デルタ
8. 総合設備計画
9. ノグチ
10. 2002

島根県立古代出雲歴史博物館/Shimane Museum of Ancient
Izumo

1. 島根県 出雲市
2. 56,492m²
3. 9,446m²
4. 11,855m²
5. 鉄筋コンクリート造、一部鉄骨造/地上3階、地下1階
7. 花輪建築構造設計事務所
8. 総合設備計画
9. ランドスケープ:オンサイト計画設計事務所
   家具・カーペット:藤江和子アトリエ
10. 大林組・中筋組・岩成工業 J V
11. 2006

三原市芸術文化センター/Mihara Performing Arts Center

1. 広島県 三原市
2. 39,553.68m²
3. 4,054.03m²
4. 7,421.58m²
5. 鉄骨造
   鉄骨鉄筋コンクリート造/地上2階、地下1階
7. 花輪建築構造設計事務所
8. 森村設計
9. 音響:永田音響設計
   劇場:Theater Workshop
   ランドスケープ:オンサイト計画設計事務所
10. 熊谷組・セイム・山陽建設 J V
11. 2007

スクエア3 ノバルティス キャンパス/Square 3, Novartis Campus

1. スイス バーゼル
   3.924m²
   4.6,150m²
5. 鉄骨造、鉄筋コンクリート造/地上5階、地下2階
6. Zwimpfer Partner Architekten
7. ZPF Ingenieure
8. 空調:Todt Gmür + Partner
   電気:Sytek
   衛生:Locher, Schwittay Gebäudetechnik
9. ファサード:PPEngineering
   照明:Licht Kunst Licht
   サイン:Stauffenegger+Stutz
10. 2009

シンガポール理工系専門学校キャンパス/Republic Polytechnic
Campus

1. シンガポール ウッドランド
2. 200,000m²
3. 72,409m²
4. 248,864m²
5. 鉄筋コンクリート造、一部鉄骨造/地上11階、地下1階
6. DP Architects
7. Meinhardt (Singapore)、花輪建築構造設計事務所
8. Beca Carter Hollings & Ferner (S.E. Asia)
9. ランドスケープ:鳳コンサルタント環境デザイン研究所
   ファサード:Meinhardt Facade Technology
   音響:永田音響設計、Aviron Acoustics Consultants
   交通:MVA
   セキュリティ:CCD Australia
   積算:Davis Langdon & Seah
   プロジェクトマネージメント:PM Link
10. China Construction (South Pacific)
    Development・大成建設 J V
11. 2007

シンガポール理工系専門学校拡張工事&シンガポール工科大学キャン
パス/
Republic Polytechnic Expansion and Singapore
Institute of Technology

1. シンガポール ウッドランド
2. 10,002m²
3. 5,410m²
4. 24,639m²
5. 鉄筋コンクリート造、一部鉄骨造/[RP拡張] 地上6階
   [SIT] 地上9階
6. DP Architects
7. Meinhardt (Singapore)
8. Beca Carter Hollings & Ferner (S.E.Asia)
9. ランドスケープ:鳳コンサルタント環境デザイン研究所、DP Green
   ファサード:Meinhardt Facade Technology
   音響:Aviron Acoustics Consultants
   プロジェクトマネージメント:Langdon & Seah Project
   Management
10. Lian Soon Construction
11. 2015

マサチューセッツ工科大学新メディア研究所/
Massachusetts Institute of Technology The Media Lab
Complex

1. アメリカ ケンブリッジ
3. 27,100 sf
4. 163,000 sf
5. 鉄骨造/地上7階、地下1階
6. Leers Weinzapfel Associates
7. Weidlinger Associates
8. Cosentini Associates
9. 構造協力:Structural Design Group
   ラボラトリー:RFD
   土木:Green International

法規:ARUP
アクセシビリティー:Kessler McGuinnes and Associates
カーテンウォール:Cupples International & YKK AP, R. A.
Heintges & Associates
照明:Lam Partners
昇降機:Robert L. Seymour & Associates
ランドスケープ:Strata Design Associates
環境:Viridian Energy & Enviromental
風環境:Rowan Williams Davies & Irwin
建具:Campbell|McCabe
地盤:Mcphail Associates
音響:Cavanaugh Tocci Associates
キッチン:Food & Wine Research
防水:Thompson & Lichtner
特記仕様:Steven R. McHugh
建設マネジメント:George B.H. Macomber Company
10. Bond Brothers
11. 2009

ペンシルバニア大学 アネンバーグ・パブリック ポリシーセンター/
University of Pennsylvania Annenberg Public Policy
Center

1. アメリカ フィラデルフィア
2. 1,860m²
3. 940m²
4. 4,562m²
5. 鉄骨造/地上4階、地下1階
6. Ballinger Architecture
7. Ballinger Engineering
8. Ballinger Engineering
9. 土木:Pennoni Associates
   ランドスケープ:Lager Raabe Skafte Landscape Architects
   照明:The Lighting Practice
   音響:Shen Milsom Wilke
10. Hunter Roberts Construction Group
11. 2009

ロレックス東陽町ビル/Rolex Toyocho Building

1. 東京都 江東区
2. 1,697m²
3. 1,503m²
4. 11,042m²
5. 鉄骨造、鉄骨鉄筋コンクリート造/地上7階、地下1階
7. 花輪建築構造設計事務所
8. 森村設計
10. 竹中工務店
11. 2002

ロレックス中津ビル/Rolex Nakatsu Building

1. 大阪府 大阪市
2. 785m²
3. 668m²
4. 4,864m²
5. 鉄骨造/地上7階、地下1階
7. オーク構造設計
8. 森村設計
10. 竹中工務店
11. 2009

日本ユダヤ教団/Jewish Community of Japan

1. 東京都 渋谷区
2. 1,076m²
3. 644m²
4. 1,915m²
5. 鉄筋コンクリート造、一部鉄骨造/地上2階、地下1階
7. コジマ設計
8. 森村設計
10. 戸田建設
11. 2009

津田塾大学千駄ヶ谷キャンパス アリス・メイベル・ベーコン記念館/
Tsudajuku University Sendagaya Campus Alice Mabel
Bacon Hall

1. 東京都 渋谷区
2. 7,339m²
3. 1,799m²
4. 6,833m²
5. 鉄骨造、一部鉄筋コンクリート造、鉄骨鉄筋コンクリート造/地上5
   階、地下1階
7. 三菱地所設計

8. 三菱地所設計
9. ランドスケープ：エキープ・エスパス
10. 戸田建設
11. 2017

パッシブタウン第二期街区/PASSIVETOWN Block No.2

1. 富山県 黒部市
2. 5,521m²
3. 1,502m²
4. 4,755m²
5. 鉄筋コンクリート造/ 地上4階、地下1階
7. 花輪建築構造設計事務所
8. 総合設備計画
9. ランドスケープ：設計組織プレイスメディア
   環境シミュレーション：東京大学工学部建築学科前真之研究室
   家具：藤江和子アトリエ
10. 戸田建設
11. 2016

刀剣博物館/The Japanese Sword Museum

1. 東京都 墨田区
2. 2,186 m²
3. 1,076 m²
4. 2,579 m²
5. 鉄筋コンクリート造/地上3階
7. 梅沢建築構造研究所
8. 森村設計
9. サイン：矢萩喜従郎建築計画
10. 戸田建設
11. 2017

希望の家 名取市文化会館多目的ホール/Haus der Hoffnung

1. 宮城県 名取市
2. 27,550m²
3. 428m²
4. 234m²
5. 木造/地上1階
7. 腰原幹雄、KAP
8. 総合設備計画
10. 佐藤工業
11. 2012

町田市新市庁舎/New Machida City Hall

1. 東京都 町田市
2. 16,153m²
3. 7,652m²
4. 41,510m²
5. 鉄骨造、鉄骨鉄筋コンクリート造、鉄筋コンクリート造/地上10階、地下1階
7. 花輪建築構造設計事務所
8. 総合設備計画
9. ランドスケープ：オンサイト計画設計事務所
   案内カウンター：藤江和子アトリエ
10. 鹿島建設
11. 2012

東京電機大学 東京千住キャンパス一期・二期/Tokyo Denki University Tokyo Senju Campus PhaseⅠ+Ⅱ

1. 東京都 足立区
2. 19,960m²
3. [一期]11,136.13m² [二期]3,970m²
4. [一期]72,758.14m² [二期]33,051m²
5. [1号館]鉄骨造、一部鉄骨鉄筋コンクリート造、
   鉄筋コンクリート造 免震構造/地上14階、地下1階
   [2号館]鉄骨造、一部鉄骨鉄筋コンクリート造、鉄筋コンクリート造/
   地上10階、地下1階
   [3号館] 鉄骨造、一部鉄筋コンクリート造/地上5階
   [4号館] 鉄骨造、一部鉄骨鉄筋コンクリート造、鉄筋コンクリート造/
   地上10階
   [ブリッジ] 鉄筋コンクリート造、プレキャストコンクリート造
   [5号館] 鉄骨造、鉄骨鉄筋コンクリート造、鉄筋コンクリート造/
   地上12階、地下1階
7. 日建設計
8. 日建設計
9. [一期二期共通]
   ランドスケープ：オンサイト計画設計事務所
   照明：サワダライティングデザイン＆アナリシス（SLDA）
   積算：二葉積算
   防災：明野設備研究所
   音響：永田音響設計

[一期]
家具：藤江和子アトリエ
設備アドバイザーPAL計算：総合設備計画
構造基本計画：梅沢建築構造研究所
ステンドグラス：Galaxy
[二期]非構造部材算定：KAP
10. [一期]住友商事（施工協力：大林組、鹿島建設） [二期]大林組
11. [一期]2012 [二期]2017

4 ワールド・トレード・センター/4 World Trade Center

1. アメリカ ニューヨーク
2. 4,998m²
3. 4,877m²
4. 213,700m²
5. 鉄筋コンクリート造、鉄骨造/地上72階
6. [タワー] AAI Architects
   [リテール] Beyer Blinder Belle Architects & Planners
7. Leslie E. Robertson Associates
8. [タワー] Jaros Baum & Bolles Consulting Engineers
   [リテール] AKF Engineers
9. 昇降機：
   [タワー] Jaros Baum & Bolles ConsultingEngineers、Edgett
   Williams Consulting Group
   [リテール] Van Deusen and Associates
   法規：Code Consultants Professional Engineers
   カーテンウォール：R.A. Heintges & Associates、Israel Berger & Associates
   照明：Fisher Marantz Stone
   サイン：Pentagram Design
   音響：Cerami & Associates
   セキュリティ：Ducibella Venter & Santore、Weidlinger Associates
   交通計画：Trans Solutions
   ファサードメンテナンス：Entek Engineering
   Sustainable Design: S.D. Keppler & Associates
   土木：Philip Habib & Associates
   リテール計画：Callison
10. [タワー]Tishman Construction Corporation
    [リテール] Tishman・Turner ＪＶ
11. 2015

アガ・カーン ミュージアム/Aga Khan Museum

1. カナダ トロント
2. 67,800 m²
3. 4,049 m²
4. 10,511 m²
5. 鉄筋コンクリート造、鉄骨造/地上2階、地下1階
6. Moriyama & Teshima Architects
7. Halcrow Yolles
8. 空調：The Mitchell Partnership
   電気：Crossey Engineering
9. ランドスケープ：Moriyama & Teshima Planners
   積算：Curran Mccabe Ravindran Ross
   照明：Suzanne Powadiuk Design
   音響：Aercoustics Engineering
   フードサービス：Design.net
   カーテンウォール：Halcrow Yolles
   アクセシビリティー：Associated Planning Consultants
   AV：Engineering Harmonics
   土木：Delcan Corporation
   法規：Leber Rubes
   建具：Assa Abloy
   計画：Lloyd Phillips & Associates
   環境：Gradient Microclimate Engineering
   劇場：Theatre Consultants Collaborative
   昇降機：Soberman Engineering
   特記仕様：Spec Teknix
10. Carillion Canada
11. 2014

メディアコープ キャンパス/Mediacorp Campus

1. シンガポール ブオナヴィスタ・ワンノース
2. 15,000m²
3. 12,588m²
4. 118,400m²
5. 鉄筋コンクリート造、鉄骨鉄筋コンクリート造/地上12階、地下3階
6. DP Architects
7. Web Structures
8. Parsons Brinckerhoff
9. 設備基本構想：総合設備計画
   ランドスケープ：鳳コンサルタント環境デザイン研究所、DP Green（設
   計協力）
   劇場・音響：ARUP Singapore
   積算：Rider Levett Bucknall LLP
   防災：ARUP Singapore
   ファサード：HCCH Consulting
   特殊照明：Lighting Planners Associates

交通：CPG Consultants
セキュリティー：Certis Cisco Consulting Services
サイン、家具：DP ID
プロジェクトマネジメント：Jurong Consultants
10. Kajima・Tiong Seng Contractors ＪＶ
11. 2016

深圳海上世界文化芸術中心/Shenzhen Sea World Culture and Arts Center

1. 中国 深圳
2. 26,160m²
3. 12,037m²
4. 73,918m²
5. 鉄筋コンクリート造、鉄骨造、鉄骨鉄筋コンクリート造/地上4階、
   地下2階
6. Shenzhen Capol International & Associates
   協力：Kobayashi Maki Design Workshop
7. ARUP、Shenzhen Capol International & Associates
8. 森村設計、Shenzhen Capol International & Associates
9. 建築主: China Merchants Real Estate（Shenzhen）
   プロジェクトアドバイザー：Fu Kecheng、Luo Bing
   ランドスケープ：オンサイト計画設計事務所、Art-Spring Shenzhen
   Design Group
   ファサード：Arup
   照明：LIGHTDESIGN、Grand Sight Design International Limited
   音響：永田音響設計、Huang Zhanchun Playhouse Architectural Design Counseling
   内装：Shenzhen Shanxing Design Engineering、Shenzhen Chinatang Decoration Design Engineering
   セキュリティー：Arup
10. China Construction Eighth Engineering Bureau
11. 2017

ビハール博物館/The Bihar Museum

1. インド パトナ
2. 56,250m²
3. 19,000m²
4. 25,000m²
5. 鉄筋コンクリート造/[ギャラリー、エントランス、こども博物館]
   地上2階[事務棟]地上4階
6. Opolis
7. Mahendra Raj Consultants
8. Design Bureau
9. マスタープランニング、展示計画：Lord Cultural Resources
   ランドスケープ：鳳コンサルタント環境デザイン研究所、Forethought
   照明：AWA Consultants
10. Larsen & Toubro
11. 2017

槇総合計画事務所 元所員リスト
Former Staff List

Iwao Shida	志田 巖	1965–2016	Shuji Oki	沖 周治	1987–1997
Hiroshi Saeki	佐伯博司	1965–2000	Steve Dayton		1987–1989
Yayoi Ono	小野弥生	1965–2003	Masaaki Yoshizaki	吉崎存亮	1987–2003
Tamotsu Ozaki	尾崎 保	1965–1970	Takao Masuda	増田多加男	1987–2005
Seiichi Endo	遠藤精一	1965–1968	Shigekazu Miyamoto	宮本繁和	1988–1993
Koichi Naito	内藤幸一	1965–1968	Akiko Kokubun	國分昭子	1988–1997
Kenji Fukuzawa	福澤健次	1965–1972	Lawrence Matott		1988–1990
Akira Murai	村井 啓	1965–1968	Norio Yokota	横田典雄	1989–1998
Masahiro Ono	小野正弘	1965–1973	Naoki Kadowaki	門脇直樹	1990–1995
Koichi Nagashima	長島孝一	1966–1969	Masao Ichikawa	市川雅雄	1990–1994
		1972–1977	Mark Mulligan		1990–1996
Morikazu Shibuya	渋谷盛和	1966–1983	Minoru Kudaka	久高 実	1990–1994
Yasuo Watanabe	渡邉泰男	1966–1971	Paul Harney		1991–1993
Akira Ozawa	小沢 明	1967–1975	Tohru Ohnuma	大沼 徹	1991–2005
		1977–1980	Masaaki Kurihara	栗原正明	1991–2000
David Swan		1966–1969	Hiromi Kouda	髙田広美	1991–2002
Reiko Habe	波部玲子	1968–1970	Yasuo Nakata	仲田康雄	1991–2004
Ben Nakamura	中村 勉	1969–1977	Fabian Berthold		1992–1995
Kazunori Ozaki	尾崎和則	1970–1992	Takayuki Fumoto	麓 貴之	1992–1996
Makoto Takashina	高品 信	1970–1974	Kohsuke Arai	荒木浩介	1993–2003
Seiji Okamoto	岡本聖司	1970–1984	Osamu Sassa	佐々 修	1994–1997
Goro Saigo	西郷五郎	1970–1976			2006–2013
Seiichi Yukutomi	行冨誠一	1970–1975	Tomoya Sugiura	杉浦友哉	1994–2012
Conrad Brunner		1971–1971	Geoffrey Moussas		1995–1997
Katsuhiko Nishida	西田勝彦	1971–1990	Satoru Yamashiro	山代 悟	1995–2002
Makoto Motokura	元倉眞琴	1971–1976	Jun Imaizumi	今泉 純	1995–2005
Hiroshi Watanabe	渡辺 洋	1971–1977	Jun Takahashi	高橋 潤	1996–2006
Hideaki Hoshina	保科秀明	1972–1977	Brendon Levitt		1998–2000
Kazuo Teramoto	寺本和雄	1972–1978			2004–2005
Yoko Kobayashi	小林洋子	1972–1977	Ryuji Takaichi	髙市竜二	1999–2006
Akira Kuryu	栗生 明	1973–1979	Kiwa Matsushita	松下希和	2000–2006
Eiji Watanabe	渡辺英二	1973–1992	Daisuke Yano	矢野大輔	2002–2006
Fumiko Tanaka	田中文子	1974–1976	Jun Ito	伊藤 潤	2002–2007
Tsuneaki Nakano	中野恒明	1974–1984	Makoto Otake	大竹 慎	2002–2008
Toshihide Mori	森 俊偉	1974–1990	Yasushi Nishimura	西村恭史	2004–2011
Keisuke Yamamoto	山本圭介	1974–1989	Benjamin Albertson		2005–2010
Heather Cass		1974–1975	Alvaro Bonfiglio		2006–2012
Hidetoshi Ohno	大野秀敏	1976–1983	Nana Shirai	白井菜々	2006–2013
Tokihiko Takatani	高谷時彦	1976–1989	Ellen Kristina Krause		2007–2008
Naruya Kamihara	上原成也	1976–1993	Yoichi Honjo	本城洋一	2006–2016
Yutaka Hirota	廣田 豊	1977–1987	Takeshi Mitsuda	光田武史	2007–2013
Norio Takata	高田典夫	1978–1990	Souichiro Marubayashi	丸林荘一郎	2007–2008
Yuzo Yamanaka	山中雄象	1978–2001	Yoshiya Kamitamari	上玉利佳哉	2008–2009
Hiroshi Miyazaki	宮崎 浩	1979–1989	Takuya Takahashi	高橋卓也	2008–2012
Kiyohide Sawaoka	澤岡清秀	1980–1992	Yukie Miyashita	宮下雪絵	2008–2017
Jun Aoki	青木 淳	1980–1991	Dai Tomioka	富岡 大	2008–2012
Fumito Sato	佐藤文人	1981–2003	Yasutaka Fujie	藤江保高	2009–2017
Kei Mizui	水井 敬	1982–2001	Jennifer Joyce Tan Arandez		2009–2011
Toshio Hachiya	蜂谷俊雄	1983–2003	Ronald Lim		2011–2012
Reiko Tomuro	戸室令子	1983–1996	Souichiro Ajima	安島総一郎	2011–2014
Kenichi Nakamura	中村研一	1984–1991	Michael Sypkens		2011–2013
		1993–1998	Kiwon Kim	金 起原	2011–2015
Akira Uenishi	上西 明	1984–1997	Haruka Kitta	橘田はる香	2012–2017
Jun Watanabe	渡辺 純	1985–1990	Masatoshi Ono	小野雅俊	2012–2015
Koichi Tanaka	田中耕一	1986–1994	Michiyo Mori	森 路世	2013–2015
Noriko Kawamura	川村紀子	1986–1996	Kelly Lwu		2013–2015
Yasushi Ikeda	池田靖史	1987–1995	Chun-Min "Tony" Kao	高 俊民	2013–2015
Tetsuya Mori	森 哲哉	1987–1995	Noriko Arai	新井典子	2014–2017
Yoshitaka Wada	和田吉貴	1987–1997	Akiko Tashiro	田代晶子	2016–2017

槇総合計画事務所 所員リスト
Staff List

Tomoyoshi Fukunaga	福永知義	1967–
Yukitoshi Wakatsuki	若月幸敏	1973–
Hirochika Kashima	鹿島大睦	1984–
Gary Kamemoto	亀本ゲイリー	1984–
Yoshiki Kondo	近藤良樹	1992–
Atsushi Tokushige	徳重敦史	1992–
Shigeki Honda	本田茂樹	1993–
Masahiro Chiba	千葉昌広	1993–
Tatsutomo Hasegawa	長谷川龍友	1995–
Kota Kawasaki	川﨑向太	1996–
Masayuki Midorikawa	緑川雅之	1997–
Michel van Ackere		1997–
Kei Ito	伊藤 圭	1998–
Isao Ikeda	池田偉佐雄	1999–
Masaru Sasaki	佐々木将	2003–
Kazuo Sato	佐藤和夫	2004–
Yuki Yamada	山田勇希	2005–2014
		2016–
Hisashi Nakai	中井久詞	2006–
Takeshi Sora	空 剛士	2006–
Yasuko Okuyama	奥山靖子	2007–
Masahiro Ikawa	井川雅裕	2008–
Yoshihiko Taira	平良慶彦	2008–
Tsuyoshi Tanaka	田中 剛	2008–
Yukiko Kuwahara	桒原由起子	2008–
Hiroyuki Matsuda	松田浩幸	2008–2012
		2015–
Hirofumi Ueda	植田博文	2012–
Yuya Miyamoto	宮本裕也	2012–
Issei Horikoshi	堀越一世	2012–
Ikuko Wada	和田郁子	2013–
Keita Tsuji	辻 啓太	2014–
Azusa Ino	猪野 梓	2014–
Tomoaki Todome	留目知明	2015–
Yuki Kimura	木村有希	2015–
Daisuke Hakamada	袴田大輔	2016–
Siyi Lau		2016–
Shu Nakamura	中村 周	2016–
Takuma Saito	齋藤拓磨	2016–
Wakako Yoshino	吉野わか子	2016–
Kenichi Tokiwa	常盤謙一	2017–

写真クレジット
Photo Credit

北嶋俊治　Toshiharu Kitajima
18上, 32, 34, 35上, 35下, 38, 40, 48, 49, 50, 53, 54, 58, 120, 122, 124, 126, 127, 128, 130, 131, 134, 136, 137, 139上, 142, 144, 146, 148, 152, 154, 157, 158, 160, 161, 162, 164, 166, 167, 174, 176, 178, 179, 180, 184, 186, 188, 191, 194, 195, 196, 198
新建築社写真部　Shinkenchiku-sha
20, 44, 57, 76, 80, 82上, 82下, 84, 86, 88, 132, 156, 224, 226, 228, 230, 233, 234, 236, 237, 242, 245, 246, 252下, 258
吉田 誠　Makoto Yoshida
42, 46
小川重雄　Sigeo Ogawa
170, 172
オンサイト計画設計事務所　Studio On Site
262上, 262下
水象　Shui Xiang
266, 271, 272
㈱竹中工務店　Takenaka Corporation
295
Robert Pettus
16, 19, 23
Lukas Roth, Köln
62
Leroy Howard
78
Anton Grassl/ ESTO
90, 92, 94, 96, 97, 100, 101上, 104, 106
Jeffrey Totaro,2018
109, 110, 111, 112
Halkin | Mason Photography
114, 115, 116, 118
Tectonic
202, 204
SPI
205上, 205下, 206, 214, 215, 218
ARTCOURT Gallery
210
Moez Visram, courtesy Imara (Wynford Drive) Limited.
222
Future Stage Creations
240, 248, 254
Kajima Overseas Asia Pte.Ltd.
244, 249, 250
Lighting Planners Associates
252上, 255
Luo Kanglin
268
Design Society
273
Ariel Huber, Lausanne
276, 279上, 279下, 280, 282, 283, 286, 287, 288, 289, 290上, 290下, 291, 292
Rajesh Vora/AD India
278, 284
Vicc
296上

Recent Work
Fumihiko Maki

槇文彦＋槇総合計画事務所 最近作から

2018年6月15日 第1刷発行

編著者：槇 文彦
編集協力：福永知義、長谷川龍友、吉野わか子
発行者：坪内文生
発行所：鹿島出版会
　　　　〒104-0028
　　　　東京都中央区八重洲2丁目5番14号
　　　　電話 03-6202-5200
　　　　振替 00160-2-180883
ブックデザイン：矢萩喜從郎
印刷・製本：凸版印刷

©Fumihiko Maki,
　Maki and Associates, 2018
ISBN978-4-306-04663-4　C3052
Printed in Japan

落丁・乱丁本はお取替えいたします。
本書の無断複製（コピー）は
著作権法上での例外を除き禁じられております。
また、代行業者などに依頼して
スキャンやデジタル化することは、
たとえ個人や家庭内の利用を目的とする場合でも
著作権法違反です。

本書の内容に関するご意見・ご感想は
下記までお寄せください。
URL:http://www.kajima-publishing.co.jp
E-mail:info@kajima-publishing.co.jp